Brot backen

AUTOR: REINHARDT HESS | FOTOS: JÖRN RYNIO

Praxistipps

Extra

Rezepte

Brotbacken macht Spaß

Es gibt viele Gründe, sein eigenes Brot zu backen. Vielleicht die wichtigsten: es macht gute Laune und entspannt.

Mehl, Salz und Wasser waren einmal die einzigen Zutaten, die Bäcker brauchten, um gutes Brot zu backen. Und natürlich einen Ofen. Dass das im Prinzip heute noch funktioniert, ist für Selbstbäcker immer wieder ein kleines Wunder. Und noch mehr erstaunt, wie viele Brotsorten mit wenigen Zutaten gebacken werden können. Wir sind ein Volk der Brotesser. Eine so große Auswahl wie bei uns finden Sie nirgendwo sonst.

Doch was drin steckt, wissen oft selbst die Bäcker nicht. Sie kaufen **fertige Backmischungen** mit Backmitteln, die ihnen die Arbeit vereinfachen. Teig anrühren, formen, backen, das geht damit in kurzer Zeit. Mit Sauerteig zu backen kostet Mühe und viele Stunden Wartezeit, bis das Brot fertig ist. Unbezahlbar. Aber viel gesünder und besser verdaulich. Weil der Sauerteig unserem Verdauungssystem die Arbeit abnimmt, die es beim Instant-Vollkorn-Brot mit viel Brummeln und Grummeln erledigen muss.

Nur der Gesundheit wegen backt kaum jemand selbst. Es lockt die Freiheit, auch **außerhalb von Ladenöffnungszeiten** in ein frisches, superleckeres, knuspriges Brötchen beißen zu können. Dann kommt die Freude auf, einen Teig so richtig ausgiebig zu kneten. Teig kann unheimlich sinnlich sein. Ein gut gekneteter Hefeteig fühlt sich an wie ein Ohrläppchen. Oder so.

Brotbacken und Sinnlichkeit gehören zusammen. Sonst wird es nichts. Hinhören, fühlen, riechen, schauen und immer wieder neu auf den Teig eingehen, das muss sein. Und Geduld, denn ohne Zeit und Muße geht es nicht. Dann aber kann Brotbacken eine echte Therapie gegen Stress sein. Vielleicht gibt es deshalb so viele Berufstätige, die Brotbacken als Hobby entdecken.

Genug, ans Handwerk! Ein paar Zutaten, eine große Schüssel und vielleicht – muss aber nicht sein –, eine Küchenmaschine mit Knethaken, die das erste Mischen schwerer Teige übernehmen kann. Wichtiger ist eine digitale Küchenwaage, die grammgenau wiegt. **Beim Brotbacken müssen Sie pingelig sein.** Und auch einmal nachwiegen, ob Ihr Flüssigkeitsmaß stimmt (eigene Erfahrung: kein einziges!). Da 100 ml Wasser genau 100 g wiegen, ist das sehr einfach. Messbecher leer wiegen, bis zur 100-ml-Marke Wasser einfüllen und wieder wiegen.

Trotz genauen Wiegens müssen Sie aber gleichzeitig flexibel sein! Ist die Luft besonders trocken, brauchen Sie mehr Flüssigkeit für den Teig. Bei Regenwetter dagegen deutlich weniger. Das können leicht zehn Prozent rauf oder runter sein. Und dass kurz vor einem Gewitter Hefeteig nicht so recht gehen will, ist kein Ammenmärchen. Also: **Backen Sie mit allen Sinnen,** gehen Sie auch nach Ihrem Gefühl, nicht nur stur nach den Anweisungen. Wenn Sie noch ungeübt sind, fangen Sie am besten mit Hefeteigbroten an, die stecken auch kleine Fehler weg. Und danach machen Sie sich an den Sauerteig!

Wichtige Backhelfer

1 Eine **große Schüssel** zum Mischen und Kneten, in der der Teig Platz zum Aufgehen hat. Ideal ist eine eher breite als hohe Schüssel, weil der Teig darin leichter zu bearbeiten ist. Weil's Teig gerne warm hat, wäre eine aus Holz am besten. Akzeptabel ist auch eine Kunststoffschüssel, die ebenfalls warm hält und den Teig nicht austrocknen lässt.

1

2 Eine **digitale Waage** mit Zuwiegefunktion, denn kein Messbecher ist exakt genug. Zu Beginn einmal die Wassermengen abwiegen (100 ml Wasser wiegen genau 100 g) und mit dem Flüssigkeitsmaß vergleichen. Dann lässt sich die richtige Menge künftig mit dem Messbecher abmessen. Noch ein Tipp: auch die Backschüssel einmal auswiegen, dann wissen Sie immer, wie viel Teig schon in der Schüssel ist (falls sich die Waage zwischendurch ausschaltet).

2

3

3 **Backkörbchen** und **Formen,** denn viele Teige sind recht flüssig. Backkörbchen aus Peddigrohr (Haushaltswarengeschäft) sind ideal, weil sie den Teig nicht austrocknen lassen und dem Brot eine schöne Form geben. Ansonsten sind Tonformen mit abgerundeten Ecken am besten, weil die Brote darin nicht festbacken und leicht herauskommen.

Was den Teig locker macht

1

2

3

Ohne Luft im Teig wird aus Mehl nur ein harter Fladen. Drei wichtige Lockermacher gibt es für Brotbäcker, die lieber selbst Hand anlegen als die Teigbereitung einem Backautomaten zu überlassen. Übrigens: Die Rezepte in diesem Buch sind nicht für Brotbackautomaten geeignet, da sie andere Mengen und Gehzeiten vorgeben.

1 Hefe ist das einfachste Treibmittel für alle Brote, bei denen Weizenmehl die Hauptrolle spielt. Hefe gibt es als Würfel (frisch) und als Pulver, das unter das Mehl gemischt werden muss. Frische Hefe muss zuerst mit warmer Flüssigkeit angerührt werden, damit sie aktiv wird. Dann lockert sie den Teig besser als Trockenhefe. Wenn Sie den Teig mit Hefe längere Zeit gehen lassen, entwickelt er mehr Geschmack und beginnt leicht zu säuern wie ein Sauerteig. Ein ausführliches Grundrezept für ein Hefeteigbrot finden Sie auf Seite 10–11.

2 Backferment ist ein Teiglockerungsmittel, das im Prinzip für alle Mehlsorten und jedes Brot verwendet werden kann. Aber zuerst muss aus dem Pulver, das Sie im Reformhaus, Bioladen und Drogeriemarkt bekommen, ein Grundansatz hergestellt werden: Dafür wird das Pulver mit Mehl und der gleichen Menge Wasser vermischt. Diese Mischung muss sehr warm (gut 30°) ca. 1 Tag gehen. Dann die Mischung wieder mit halb Mehl, halb Wasser verrühren und nochmals so lange gehen lassen, bis sie richtig gut aufgegangen ist.
Bei Hefebroten können Sie einen Würfel Hefe durch 75 g Backferment-Ansatz ersetzen.
Roggenbrote, die mit Backferment anstelle von Sauerteig gemacht werden, sind milder.

Ehe der Ansatz ganz aufgebraucht ist, mit gleichen Mengen Mehl und Wasser vermischen und wieder 12 Std. sehr warm gehen lassen, bis er kräftig schäumt. So lässt er sich ständig erneuern, vor allem, wenn ab und zu wieder etwas Backferment zugegeben wird. Vorteil: Der Ansatz hält im Kühlschrank mehrere Monate!

3 Sauerteig ist das Treibmittel, das Teige aus Roggenmehl locker macht. Nur mit Hefe würden diese Teige nicht aufgehen. Sauerteig gibt es fertig in Beuteln oder als Granulat zu kaufen; er braucht aber zusätzlich Hefe. Sie können ihn auch aus Mehl und Wasser selbst herstellen. Wenn Sie es einmal probiert haben, werden Sie es immer wieder machen. Was der Sauerteig Ihnen abverlangt ist Geduld. Ein Grundrezept für Sauerteig finden Sie auf Seite 7.

Sauerteig – bringt Roggenmehl auf Trab

1

2

3

Um aus Roggenmehl Brot zu backen braucht man Sauerteig. Den liefert das Getreide selbst, wenn man es lässt. Sauerteig besteht aus Kleinstlebewesen, die sich unter günstigen Lebensbedingungen rasant vermehren.

Übrigens: Sauerteig können Sie auch aus Weizenmehl herstellen, Weizenbrot schmeckt damit besonders würzig.

300 g Roggen- oder Weizenvollkornmehl
Salz
nach Belieben: 1 EL Natursauerteig, Sauerkrautsaft oder Brottrunk

Für 600 g Sauerteigansatz (reicht für ca. 4 Brote)

1 In einem großen Glas 200 g Roggen- oder Weizen-Vollkornmehl (Biomehl enthält mehr Säurebildner und Hefepilze) mit 200 ml gut warmem Wasser und einer Prise Salz vermischen (Bild 1). Nach Belieben einen „Starter" zugeben: 1 EL Natursauerteig (Reformhaus oder Biomarkt), Saft von nicht pasteurisiertem Sauerkraut oder Brottrunk (Bodensatz aufschütteln). Diese „Starter" enthalten lebende Milchsäurebakterien, die für Sauerteig wichtig sind. Stellen Sie den Ansatz abgedeckt an einen sehr warmen Platz – gut 25° sollten es sein.

2 Nach 2 bis 3 Tagen muss der Teig kräftig Blasen bilden (Bild 2) und frisch-säuerlich riechen. Duftet der Brei nach Brotkrume und leicht sauer, ist er richtig. Nochmals 100 g Roggenmehl und 100 ml gut warmes Wasser untermischen und den Teig bis zum nächsten Tag gären lassen.

3 Sauerteig nach Rezept abmessen und unter den Brotteig mischen, gehen lassen (Bild 3). Vom Brotteig ½ Tasse abnehmen und zum übrigen Sauerteig geben, mit Mehl und warmem Wasser wieder wie vorher warm gehen lassen. Wenn sich oben eine klare Flüssigkeit absetzt, ist der Sauerteig zur Ruhe gekommen und konserviert sich durch die Säure selbst. So hält er im Kühlschrank 1 bis 3 Monate und länger.

Große Brötchen – kleine Brote

Handliches Gebäck aus Weizenmehl und Hefe gelingt auch weniger Geübten. Und diese würzigen Burgerbrötchen mögen selbst Kinder noch lieber als fertige aus der Packung. Ich liebe sie, weil sie nicht so wattig sind wie die Original-Burger-Buns.

Riesen-Burger-Brötchen

gut 200 ml Milch
25 g Butter
300 g Weizenmehl Type 550
100 g Kamut-Vollkorn-Mehl (Reformhaus)
1 TL Salz
1 Würfel Hefe (42 g)
1 EL Ahornsirup, ersatzweise heller Honig
Mehl zum Arbeiten
Ausstechform (10 cm Ø)

Für 8 Brötchen | 30 Min. Zubereitung
65 Min. Gehen | 15 Min. Backen
Pro Brötchen ca. 225 kcal, 7 g EW, 4 g F, 39 g KH

1 Milch mit Butter erwärmen, bis die Butter gerade geschmolzen ist. Abkühlen lassen. Beide Mehlsorten mit Salz in eine Schüssel geben, Mulde eindrücken und die Hefe hineinbröckeln. Sirup darüber träufeln, Milch-Butter-Mischung hineingießen. 15 Min. ruhen lassen, dann alles zum Teig vermischen und gut kneten. Zugedeckt 30 Min. gehen lassen.

2 Den Teig auf wenig Mehl 1 cm dick ausrollen, acht Kreise (ca. 10 cm) ausstechen. Backblech mit Backpapier belegen, Teigkreise mit Abstand darauf setzen, mit einem Tuch abdecken und 20 Min. gehen lassen.

3 Den Backofen auf 225° (Umluft 200°) vorheizen. Die Brötchen im heißen Ofen (Mitte) in ca. 15 Min. goldbraun backen. Auf einem Kuchengitter abkühlen lassen.

TIPP – FÜR GLÄNZENDES AUSSEHEN

Brötchen nach 10 Min. mit zerlassener Butter bestreichen, das gibt einen schönen Glanz.

1

2

3

4

5

ganz einfach

Kleines Hefebrot – wenn es schnell gehen soll

Gelingt im Handumdrehen: das »kleine Weiße« für jeden Anlass!

½ Würfel frische Hefe (20 g)
1 TL Zucker oder Honig
350 g Weizenmehl Type 550
1 TL Salz

Für 1 Brot (500 g) | 30 Min. Zubereitung
3 Std. Gehen | 25 Min. Backen
Pro 100 g ca. 255 kcal, 9 g EW, 1 g F, 53 g KH

1 Frische Hefe in einer Schüssel mit knapp 225 ml warmem Wasser verrühren, bis sie sich aufgelöst hat. Zucker oder Honig und etwas Mehl dazugeben und warten, bis sich Bläschen bilden. Das dauert etwa 15 Min. Mehl in eine Schüssel füllen, eine Mulde eindrücken und den Hefeansatz in die Mulde gießen (Bild 1). Vom Rand der Mulde her immer mehr Mehl einrühren, bis ein dicker Teig entsteht. Dabei das Salz zugeben, damit es sich auflösen kann.

2 Den Teig so lange kneten, bis er glatt und seidenweich ist. Die Schüssel sollte ganz sauber sein. Gründliches Kneten ist wichtig, denn dabei entwickelt sich Kleber, ein Eiweißstoff, der den Teig fest und geschmeidig macht. 10 Min. sollten Sie kneten – oder Sie überlassen die Arbeit einer Küchenmaschine (Bild 2). Dann trotzdem noch einmal mit der Hand durchkneten.

3 Die Schüssel mit Klarsichtfolie oder einem feuchten Tuch abdecken und den Teig ca. 2 Std. gehen lassen, bis er doppelt so dick geworden ist. Wenn Sie mit dem Finger auf den Teig tippen, darf sich die Vertiefung nur langsam wieder schließen. Jetzt den Teig mit der Faust bearbeiten, damit die Luftblasen herausgedrückt werden. Und noch einmal kräftig durchkneten, eventuell die Hände mehlen, wenn der Teig klebt. Teig zu einem länglichen Brot formen (Bild 3).

4 Die Oberfläche des Brotes mehrmals schräg einschneiden (Bild 4) und das Brot mit einem leicht feuchten Tuch bedecken. 45 Min. gehen lassen, bis es gut aufgegangen ist.

5 Backofen auf 230° (Umluft weniger geeignet) vorheizen, eine hitzefeste Schale mit Wasser auf den Ofenboden stellen. Das Brot mit Wasser bestreichen (wer mag, bestreut es mit Sesamsamen). Im heißen Ofen (Mitte) ca. 25 Min. backen, bis es gebräunt ist. Auf einem Kuchengitter abkühlen lassen (Bild 5).

GUT ZU WISSEN

Hefe gibt es frisch als Würfel und haltbar als Pulver. Ich ziehe frische Hefe vor: Sie löst sich leicht in Flüssigkeit auf und vermehrt sich so rasch, dass sie den Mehlteig fix in die Höhe treibt. Pulver wird unter das Mehl gemischt und braucht etwas länger; praktisch ist es für die Vorratshaltung. Dass Hefe einen Teig mit Blasen durchsetzt ist übrigens reiner Eigennutz: Den Hefepilzen dient das Mehl als Nahrung und dabei geben sie Luft ab. Diese Luft plustert den Teig auf. Kann Hefe lange vor sich hinwerkeln, produziert sie übrigens auch Aromastoffe. Deshalb schmecken Brot und Brötchen, die lange ruhen durften, weitaus besser als Schnellgeher.

für Gourmets | frisch am besten

Wiener Kaisersemmeln

Butter und ein wenig Zucker geben diesen Brötchen den Sonntagsgeschmack. Ihren Namen haben sie von der Form, die an eine Krone erinnert.

600 g Weizenmehl Type 550
1 Würfel Hefe (42 g)
2 TL Zucker
200 ml lauwarme Milch
40 g Butter
1 ½ TL Salz
Mehl zum Arbeiten
Fett für das Blech
Milch zum Bestreichen

Für 8 Brötchen | 35 Min. Zubereitung
2 Std. Gehen | 15 Min. Backen
Pro Brötchen ca. 325 kcal, 10 g EW, 6 g F, 57 g KH

1 Das Mehl in eine Schüssel füllen und eine Mulde eindrücken. Die Hefe in die Mulde bröckeln, mit Zucker bestreuen und die Milch darüber gießen. Mit etwas Mehl vom Rand her zu einem dünnflüssigen Brei verrühren und zugedeckt 30 Min. gehen lassen. Die Butter in 125 ml Wasser erwärmen, bis sie geschmolzen ist. Wieder abkühlen lassen.

2 Butter-Wasser in die Teigmulde gießen und Salz auf den Mehlrand streuen. Alles vermischen und zu einem geschmeidigen Teig kneten. Das sollte mindestens 10 Min. dauern, bis Hände und Schüssel ganz sauber sind. Den Teig dünn mit Mehl bestreuen, mit einem leicht feuchten Tuch abdecken und 1 Std. ruhen lassen.

3 Ein Backblech fetten und dünn mit Mehl bestreuen. Den gut aufgegangenen Teig kräftig durchkneten und in acht gleich große Stücke teilen. Diese zu Kugeln formen und mit dem Teigschluss nach unten auf das Backblech legen. Die Oberfläche der Brötchen mit einer Schere ca. 3 cm tief kreuzweise einschneiden. Brötchen mit einem leicht feuchten Tuch abdecken und weitere 30 Min. gehen lassen. Den Backofen auf 250° (Umluft 230°) vorheizen.

4 Das Tuch abnehmen und die Brötchen im heißen Ofen (Mitte) in ca. 15 Min. goldbraun backen. Nach ca. 10 Min. mit Milch bepinseln, damit sie eine knusprige Kruste bekommen. Die heißen Brötchen auf ein Kuchengitter setzen und mit einem trockenen Tuch bedeckt kurz ruhen lassen. Dann das Tuch abnehmen und die Brötchen ganz auskühlen lassen.

TIPP – GUT VORBEREITET

Sie können den mit Mehl bestreuten Teig von Schritt 2 vor dem Gehen in eine Plastiktüte stecken und über Nacht im Kühlschrank (Gemüsefach) ruhen lassen. Dann sind die Semmeln am nächsten Morgen ganz schnell fertig gebacken.

lassen sich gut aufbewahren

Kanarische Panecillos

Diese etwas dunkleren, herzhaften Brötchen habe ich nur auf der Insel La Palma gefunden.

350 g Weizenmehl Type 812 mit Keim | 350 g Weizenmehl Type 550 | 2 TL feines Meersalz | 1 Würfel Hefe (42 g) | Mehl zum Arbeiten | zum Bestreichen: 1 TL Eigelb, mit 5 EL Wasser verquirlt

Für 6 Brötchen | 30 Min. Zubereitung
3½–4½ Std. Gehen | 20 Min. Backen
Pro Brötchen ca. 410 kcal, 15 g EW, 2 g F, 83 g KH

1 Beide Mehlsorten in einer Schüssel mit dem Salz mischen, eine Mulde eindrücken und die Hefe einbröckeln. 450 ml lauwarmes Wasser in die Mulde gießen und mit Hefe und ein wenig Mehl vom Rand verrühren. Zugedeckt 30 Min. ruhen lassen.

2 Alles zu einem Teig vermischen und gründlich kneten. Mit etwas Mehl bestreuen und zugedeckt 2–3 Std. gehen lassen, bis der Teig doppelt so dick geworden ist.

3 Den Teig in sechs gleich große Stücke teilen, jedes ohne viel Kneten zu länglichen, an den Enden spitz zulaufenden Brötchen formen. Backblech mit Backpapier auslegen und die Brötchen darauf setzen. Die Oberfläche der Brötchen längs mit einem scharfen Messer ca. 1 cm tief einschneiden. Brötchen mit einem leicht angefeuchteten Tuch abdecken und ca. 1 Std. ruhen lassen, bis sie gut aufgegangen sind.

4 Den Backofen auf 240° (Umluft 225°) vorheizen. Eine hitzefeste Schale mit Wasser auf den Backofenboden stellen. Die Brötchen dünn mit dem verquirlten Eigelb bestreichen und im heißen Ofen (Mitte) in ca. 20 Min. mittelbraun backen. Vom Blech heben und auf einem Kuchengitter abkühlen lassen.

aus der Toskana

Milchbrötchen

500 g Weizenmehl Type 550 | 200 g Weizenmehl Type 1050 | 2 TL Salz | 200 ml kalte Milch | 1 Würfel Hefe (42 g) | 2 TL Zucker

Für 10 Brötchen | 30 Min. Zubereitung
1 Std. 15 Min. Gehen | 20 Min. Backen
Pro Brötchen ca. 260 kcal, 9 g EW, 2 g F, 52 g KH

1 Mehle mit Salz in eine Schüssel geben, Mulde eindrücken. Milch mit 200 ml heißem Wasser mischen, Hefe mit Zucker darin auflösen, in die Mulde gießen und 15 Min. ruhen lassen.

2 Alles vermischen und 10 Min. kneten. Teig in zehn Stücke teilen, zu runden Brötchen formen. Auf ein Backblech legen, Oberfläche kreuzweise einschneiden. Mit feuchtem Tuch bedeckt 1 Std. gehen lassen, bis sie doppelt so dick sind.

3 Backofen auf 250° (Umluft 230°) vorheizen. Brötchen im Ofen (Mitte) in ca. 20 Min. goldbraun backen, zwischendurch mit Wasser besprühen. Auf einem Kuchengitter abkühlen lassen.

knusprig & würzig

Sojabrötchen

400 g Weizenmehl Type 550 | 100 g Sojamehl (vollfett, Reformhaus) | ½ Würfel Hefe (20 g) | 2 TL Salz | Mehl zum Arbeiten

Für 10 Brötchen | 25 Min. Zubereitung
12 + 1 Std. Gehen | 15 Min. Backen
Pro Brötchen ca. 180 kcal, 9 g EW, 3 g F, 30 g KH

1 Am Vortag Mehle mischen, Hefe mit 350 ml lauwarmem Wasser anrühren, mit Salz zum Mehl geben und gut vermischen. Mit Mehl bestreut zugedeckt 12 Std. recht kühl (12–14°) gehen lassen.

2 Den Teig kräftig kneten, in zehn Stücke teilen und diese zu länglichen Brötchen formen, auf ein Backblech setzen. Oberfläche längs einschneiden. Brötchen mit feuchtem Tuch bedecken und 1 Std. gehen lassen.

3 Backofen auf 240° (Umluft 220°) vorheizen. Brötchen im Ofen (Mitte) in ca. 15 Min. knusprig braun backen, zwischendurch mit Wasser besprühen. Brötchen mit einem Tuch bedeckt abkühlen lassen.

aus Südfrankreich

Pan-Bagnat-Brötchen

½ Würfel Hefe (20 g)
650 g Weizenmehl Type 550
2 TL Salz
50 g Roggenmehl Type 997
30 g Weizenkleber (siehe S. 58)
Mehl zum Arbeiten
Fett für das Blech

Für 8 Brötchen | 30 Min. Zubereitung
6–8 Std. Gehen | 25 Min. Backen
Pro Brötchen ca. 310 kcal, 13 g EW, 1 g F, 62 g KH

1 Die Hefe in 300 ml warmem Wasser auflösen. 250 g Weizenmehl mit Salz in eine Schüssel geben, Hefewasser dazugießen und alles glatt verrühren. Zugedeckt 4–6 Std. gehen lassen.

2 Dann 150 ml warmes Wasser unter den Teig rühren, die übrigen 400 g Weizenmehl, das Roggenmehl und den Weizenkleber untermischen, 10 Min. kräftig kneten. Den Teig zur Kugel formen, dick mit Mehl bestreuen und zugedeckt 1 Std. gehen lassen.

3 Teig nochmals durchkneten und in acht Stücke teilen. Die Stücke auf wenig Mehl zu Kugeln rollen. Das Backblech fetten und dünn mit Mehl bestreuen, die Kugeln mit Abstand darauf setzen und mit einem leicht angefeuchteten Tuch bedecken. Etwa 1 Std. gehen lassen, bis die Kugeln doppelt so dick geworden sind.

4 Backofen auf 240° (Umluft 225°) vorheizen. Brötchen mit Wasser bestreichen und im heißen Ofen (Mitte) in 20–25 Min. mittelbraun backen, ab und zu besprühen. Auf einem Kuchengitter abkühlen lassen.

norddeutsche Kinderlieblinge

Strohsemmeln

500 g Weizenmehl Type 550
2 TL Salz
75 g Butter
300 ml Milch
1 Würfel Hefe (42 g)
1 EL Zucker
2 Eier (Größe M)
Mehl zum Arbeiten
Natur-Strohhalme, ersatzweise Heimtier-Stroh

Für 10 Brötchen | 1 Std. Zubereitung
1 Std. 15 Min. Ruhen | 20 Min. Backen
Pro Brötchen ca. 280 kcal, 9 g EW, 9 g F, 40 g KH

1 Mehl mit Salz und Butter in kleinen Flöckchen vermischen. Milch leicht erwärmen, Hefe und Zucker darin auflösen, 15 Min. ruhen lassen. Die Eier verquirlen, 2 TL davon mit 3 EL Wasser verrühren, kühl stellen, den Rest mit dem Hefeansatz zum Mehl rühren und kräftig kneten. Mit etwas Mehl bestreuen und zugedeckt 1 Std. gehen lassen.

2 Teig in zehn Stücke teilen und diese zu länglichen Semmeln formen, offen 15 Min. gehen lassen. Den Backofen auf 200° (Umluft 180°) vorheizen. Das Backblech gleichmäßig mit Strohhalmen bedecken.

3 Reichlich Wasser aufkochen, die Semmeln nacheinander darin 10 Sek. kochen, herausheben und gut abtropfen lassen. Unterseite der Semmeln in Mehl drücken, Semmeln auf die Strohhalme setzen, die Oberfläche längs einschneiden. Im Ofen (Mitte) 10 Min. backen. Mit Eierwasser bestreichen und in weiteren 10 Min. honigfarben backen. Auf dem Stroh ca. 10 Min. abkühlen lassen.

oben: Strohsemmeln | unten: Pan-Bagnat-Brötchen

aus Italien | Buffetstar

Walnuss-Ciabatta

500 g Weizenmehl Type 550
½ Würfel Hefe (20 g)
50 g Walnusskerne
2 EL Olivenöl nativ extra
2 TL Salz
Mehl zum Arbeiten

Für 2 Brote (à 400 g) | 20 Min. Zubereitung
2 Std. 45 Min. Gehen | 25 Min. Backen
Pro 100 g ca. 290 kcal, 8 g EW, 8 g F, 47 g KH

1 Das Mehl in eine Schüssel füllen. Hefe mit knapp 300 ml warmem Wasser anrühren, 15 Min. ruhen lassen. Die Walnusskerne klein brechen. Hefewasser und Walnusskerne mit Olivenöl und Salz unter das Mehl mischen, kräftig kneten. Zugedeckt 2 Std. gehen lassen.

2 Den Teig mit Mehl bestreuen, nochmals durchkneten und zu zwei Rollen formen. Rollen an beiden Enden packen und zu länglichen Broten ziehen. Auf ein Backblech mit Backpapier legen, mit leicht angefeuchtetem Tuch abdecken und 30 Min. gehen lassen, bis die Brote doppelt so dick sind.

3 Den Backofen auf 250° (Umluft 225°) vorheizen. Die Ciabatte im heißen Ofen (Mitte) in ca. 25 Min. mittelbraun backen (mehrmals kräftig mit Wasser besprühen). Auf einem Kuchengitter abkühlen lassen.

TIPP – OLIVEN-CIABATTA

Mischen Sie anstelle der Walnüsse 50 g entsteinte schwarze Oliven nach der ersten Gehzeit (sonst färben sie den Teig) unter.

aus der Türkei | auch für unterwegs

Pittabrot

500 g doppeltgriffiges Mehl (Wiener Griessler)
½ Würfel Hefe (20 g)
2 TL Salz
2 EL Olivenöl
1 Eigelb
1 TL Zucker
2 TL Sesamsamen
½ TL Schwarzkümmel (türkisches Geschäft)
Mehl und Öl zum Formen

Für 2 Brote (à 400 g) | 30 Min. Zubereitung
1 Std. 15 Min. Gehen | 15 Min. Backen
Pro 100 g ca. 265 kcal, 8 g EW, 5 g F, 47 g KH

1 Mehl in eine Schüssel füllen, eine Mulde eindrücken. Hefe mit knapp 350 ml warmem Wasser vermischen, in die Mulde gießen, mit ein wenig Mehl anrühren und 15 Min. ruhen lassen. Alles mit Salz und 1 EL Olivenöl zu einem weichen Teig vermischen und kneten, bis er nicht mehr klebt. Dünn mit Mehl bestreuen und 45 Min. gehen lassen.

2 Backofen auf 250° (Umluft 230°) vorheizen. Backblech mit Backpapier auslegen. Teig nochmals leicht durchkneten, in zwei Stücke teilen und auf das Backblech legen. Mit eingeölten Händen zu Fladen formen. Nochmals 15 Min. gehen lassen. Oberfläche mit einem Messer rautenförmig einschneiden, dabei den Rand aussparen.

3 Eigelb mit 1 EL Olivenöl und Zucker verrühren, Fladen damit bepinseln. Mit Sesam und Schwarzkümmel bestreuen. Im heißen Ofen (Mitte) in 12–15 Min. hellbraun backen. Herausnehmen und warm servieren.

oben: Pittabrot | unten: Walnuss-Ciabatta

1

2

3
BORDEAUX
APPELLATION BORDEAUX CONTRÔLÉE
1992

heißgeliebter Klassiker

Französische Baguettes

Der Trick für Stangenweißbrot: erst kühl, dann warm gehen lassen. So wird es luftig und locker.

150 g Weizenmehl Type 812
¼ Würfel Hefe (ca. 10 g)
1 TL Salz
300 g Weizenmehl Type 550
1 TL Zucker
Mehl zum Arbeiten

Für 2 Baguettes | 30 Min. Zubereitung
9 Std. 30 Min. Gehen | 20 Min. Backen
Pro 100 g ca. 265 kcal, 9 g EW, 1 g F, 55 g KH

1 Mehl Type 812 in eine Schüssel füllen. Die Hefe in knapp 300 ml lauwarmes Wasser bröckeln und verrühren, bis sie sich aufgelöst hat. Mit dem Salz unter das Mehl mischen und kräftig mit einem Rührlöffel schlagen. Die Schüssel fest zudecken und den Teigansatz an einem kühlen Platz (Schlafzimmer, Keller oder Gemüsefach des Kühlschranks) ca. 6 Std. gehen lassen, bis die Mischung kräftig Schaum bildet.

2 Nach und nach das Mehl Type 550 untermischen, bis ein glatter Teig entsteht. Auf eine bemehlte Fläche stürzen und 10 Min. kräftig kneten oder mit einer Küchenmaschine kneten (der Teig ist sehr weich). Den Teig wieder in die Schüssel legen, mit ein wenig Mehl bestreuen und zugedeckt an einem warmen Platz ca. 2 Std. gehen lassen, bis er doppelt so dick ist (Bild 1).

3 Den Teig in zwei Stücke teilen, diese zu Kugeln formen und 5 Min. mit einem Tuch bedeckt ruhen lassen. Dann auf der leicht bemehlten Arbeitsfläche eine Kugel mit den Händen zu einer rechteckigen Platte auseinander drücken. Die Enden nach innen schlagen und flach drücken. Die Platte aufrollen, den Teigschluss andrücken und die Rolle mit den Handflächen unter sanftem Druck hin- und herrollen, dabei von der Mitte der Rolle nach außen hin arbeiten, so dass die Rolle immer länger und dünner wird. Sie sollte 3–4 cm dick sein. Wenn sich der Teig wieder zusammenziehen will, kurz unter dem Tuch ruhen lassen und so lange die zweite Rolle bearbeiten.

4 Ein Backblech dünn mit Mehl bestreuen und die Baguettes mit Abstand darauf legen. Ein leicht angefeuchtetes Tuch darüber legen und die Brote nochmals warm gut 1 Std. gehen lassen, bis sie doppelt so dick geworden sind.

5 Backofen auf 250° (Umluft 230°) vorheizen. Den Zucker mit ca. 75 ml Wasser verrühren. Die Brote schräg 3-mal tief einschneiden (Bild 2). Brote in den Ofen (Mitte) schieben, Ofenwände kräftig mit Wasser besprühen. Die Baguettes in ca. 20 Min. mittelbraun backen, dabei ab und zu Wasser in den Ofen und auf die Brote sprühen. Nach ca. 10 Min. die Oberfläche der Brote (aber nicht die Einschnitte) mit Zuckerwasser bestreichen, damit die Kruste knusprig wird. Aus dem Ofen nehmen und mit einem trockenen Tuch abdecken (Bild 3). Tuch nach 10 Min. abnehmen und Baguettes auf einem Kuchengitter abkühlen lassen.

Brote mit witzigen Formen

Brote können auch mal lustig aussehen. Das macht beim Anschauen gute Laune und sorgt bei Gästen und Partys für den »Oh«-Effekt. Und noch ein Vorteil: Die Brote haben mehr Kruste, so wie dieses krumme Weißbrot, das so toll schmeckt, dass ich gar nichts dazu brauche.

Gedrehtes Weißbrot »Malfatto«

300 g doppeltgriffiges Mehl (Wiener Griessler)
300 g Weizenmehl Type 550
1 Würfel Hefe (42 g)
2 TL Salz
Mehl zum Arbeiten

Für 1 Brot (850 g) | 30 Min. Zubereitung
4–5 Std. Gehen | 30 Min. Backen
Pro 100 g ca. 250 kcal, 8 g EW, 1 g F, 440 g KH

1 Mehle in eine Schüssel füllen und eine Mulde eindrücken. Die Hefe einbröckeln und mit gut 350 ml warmem Wasser und etwas Mehl verrühren. Zugedeckt 1 Std. gehen lassen. Salz darüber streuen und alles zu einem glatten Teig verkneten. Zur Kugel formen, mit Mehl bestreuen und zugedeckt nicht zu warm 2–3 Std. gehen lassen, bis der Teig doppelt so dick ist.

2 Teig leicht durchkneten und auf wenig Mehl zu einer großen, rechteckigen Platte drücken. Die Längsseiten zur Mitte schlagen und andrücken, zu einer Rolle formen und die Enden gegeneinander spiralig verdrehen – das Brot soll richtig krumm aussehen. Auf ein bemehltes Backblech legen, mit einem leicht feuchten Tuch bedecken und 45–60 Min. gehen lassen, bis das Brot doppelt so dick ist.

3 Backofen auf 250° (Umluft 225°) vorheizen. Das Brot im Ofen (Mitte) 25–30 Min. backen, bis es eine karamellbraune Kruste hat. Zwischendurch mit Wasser bestreichen, damit die Kruste glänzt.

aus Frankreich | knusprig

Ährenbaguette

Muss lange gehen, dann wird's aber superwürzig

400 g Weizenmehl Type 550
200 g doppeltgriffiges Mehl (Wiener Griessler)
2 TL Salz
½ Würfel Hefe (20 g)
Mehl zum Arbeiten

Für 4 Brote (à 200 g) | 30 Min. Zubereitung
6 Std. Gehen | 25 Min. Backen
Pro 100 g ca. 265 kcal, 9 g EW, 1 g F, 55 g KH

1 Mehle mit Salz in einer Schüssel mischen, Mulde eindrücken, die Hefe hineinbröckeln. 380 ml warmes Wasser in die Mulde gießen, mit Hefe und ein wenig Mehl verrühren. 30 Min. ruhen lassen. Alles zum Teig vermischen und gut kneten, bis der Teig nicht mehr klebt. Zugedeckt 4 Std. gehen lassen, zwischendurch einmal durchkneten.

2 Teig mit Mehl bestreuen und in vier Stücke teilen. Teigstücke zu Rollen formen und mit den Handflächen zu dünnen Baguettes ausrollen. Brote auf ein Backblech mit Backpapier legen. Mit einer Schere die Oberfläche der Brote alle 5 cm schräg bis fast zum Boden einschneiden, die Abschnitte abwechselnd nach links und rechts wegziehen, so dass die Brote wie große Kornähren aussehen. Mit leicht feuchtem Tuch abdecken und ca. 1½ Std. gehen lassen, bis die Baguettes doppelt so dick sind.

3 Backofen auf 250° (Umluft 230°) vorheizen. Baguettes im heißen Ofen (Mitte) in 20–25 Min. hellbraun backen, ab und zu kräftig besprühen, kurz vor Ende der Backzeit mit Wasser bestreichen.

für Gäste | mild

Memminger Brot

Witziges Partybrot, das auch ohne Belag schmeckt

500 g Weizenmehl Type 550
1 Würfel Hefe (42 g)
¼ l Milch
1 TL Zucker
50 g Butter
2 TL Salz
1 EL Anissamen
Mehl zum Arbeiten, Fett für die Form

Für 1 Kastenform (28 cm) | 45 Min. Zubereitung
1 Std. 30 Min. Gehen | 35 Min. Backen
Pro 100 g ca. 295 kcal, 9 g EW, 7 g F, 49 g KH

1 Mehl in eine Schüssel füllen, Mulde eindrücken und die Hefe einbröckeln. Milch leicht erwärmen, die Hälfte davon zur Hefe gießen, mit Zucker und etwas Mehl verrühren. 15 Min. gehen lassen. In der restlichen Milch die Butter schmelzen und wieder abkühlen lassen. Mit Salz und Anis zum Hefeansatz geben. Alles zu einem glatten Teig kneten. Zugedeckt warm 45 Min. gehen lassen, bis der Teig doppelt so dick ist.

2 Kastenform fetten. Teig auf wenig Mehl fingerdick ausrollen, mit einem Glas Kreise von ca. 8 cm Ø ausstechen, dünn mit Mehl bestäuben und halbmondförmig zusammenklappen. Mit der geraden Seite nach unten in die Form setzen. Brot mit feuchtem Tuch abdecken und 30 Min. gehen lassen.

3 Backofen auf 200° (Umluft 180°) vorheizen. Das Brot im Ofen (Mitte) in ca. 35 Min. goldbraun backen. Auf einem Kuchengitter abkühlen lassen.

links: Ährenbaguette | rechts: Memminger Brot

1

2

3

4

5

buffettauglich

Bostoner Dachziegelbrot

Ursprünglich wurden aus dem üppigen Teig kleine Frühstücksbrötchen gebacken. Bis einer auf die Idee kam, die Teigstücke zu einem Ring zusammenzulegen.

500 g Weizenmehl Type 550
2 TL Salz
¼ l Milch
175 g Butter
1 EL Zucker
1 Würfel Hefe (42 g)
Mehl zum Arbeiten

Für 1 Brotring (800 g) | 45 Min. Zubereitung
1 Std. 30 Min. Gehen | 25 Min. Backen
Pro 100 g ca. 415 kcal, 9 g EW, 20 g F, 50 g KH

1 Das Mehl mit Salz in eine Schüssel geben. Die Milch mit 125 g Butter erwärmen, bis die Butter gerade geschmolzen ist. Den Zucker darin auflösen und die Milch auf Handwärme abkühlen lassen.

2 Die Hefe in die Milch bröckeln und rühren, bis sie sich aufgelöst hat (Bild 1). Die Mischung nach und nach unter das Mehl mischen, den Teig kräftig kneten (Bild 2), zur Kugel formen und zugedeckt ca. 1 Std. gehen lassen, bis die Kugel doppelt so dick ist.

3 Die Arbeitsfläche dünn mit Mehl bestreuen. Den Teig nochmals durchkneten und kleinfingerdick ausrollen. Die Teigplatte erst in 5 cm breite Streifen, diese dann schräg in Rauten schneiden (Bild 3). Die restlichen 50 g Butter zerlassen und die Teigrauten damit bepinseln.

4 Den Backofen auf 230° (Umluft 210°) vorheizen. Das Backblech mit Backpapier belegen, in die Mitte einen Teller (damit es einen Kreis gibt) stellen. Die Teigrauten dachziegelartig als Kreis um den Teller herum auslegen (Bild 4), den Teller wieder wegnehmen und den Teigkreis mit einem leicht feuchten Tuch abdecken. Warm 30 Min. gehen lassen.

5 Das Brot im heißen Ofen (Mitte) in ca. 25 Min. schön braun backen, dabei ab und zu kräftig besprühen. Das Dachziegelbrot etwas abkühlen lassen, dann vorsichtig auf ein Kuchengitter heben und ganz auskühlen lassen (Bild 5).

TIPP – LUST AUF SCHWARZ-WEISS?

Bestreuen Sie doch mal die mit Butter bestrichenen Rauten abwechselnd mit Mohn und Sesam.

VARIANTE – ZUCKER-ZIMT-BROT

Für ein süßes, desserttaugliches Brot 60 g Zucker zum Teig geben, gehen lassen. In einem flachen Teller 60 g braunen Rohrzucker mit 1 TL Zimtpulver mischen, die mit Butter bestrichenen Teigrauten in der Mischung wenden und in eine gefettete Springform schichten. Nach Belieben mit etwas Rum beträufeln. 5–10 Min. länger im Ofen lassen, bis der Zucker karamellisiert ist. Warm zu Kaffee oder Tee servieren.

gelingt leicht | für Kinder

Turbanbrot

Tolle Idee für einen Kindergeburtstag

700 g Weizenmehl Type 550
1 Würfel Hefe (42 g)
1 EL Honig
75 g Butter
2 Eier (Größe M)
2 TL Salz
1 EL helle Sesamsamen
Mehl zum Arbeiten

Für 1 Brot (1 kg) | 45 Min. Zubereitung
2 Std. Gehen | 50 Min. Backen
Pro 100 g ca. 330 kcal, 10 g EW, 9 g F, 53 g KH

1 Mehl in eine Schüssel füllen, Mulde eindrücken, Hefe einbröckeln und mit knapp 300 ml warmem Wasser übergießen. Honig zugeben, alles mit etwas Mehl anrühren, 15 Min. gehen lassen. Butter schmelzen und abkühlen lassen. Eier verquirlen, 2 TL Ei mit 2 EL Wasser verrühren, kühl stellen. Rest der Eier mit Butter und Salz zum Mehl rühren, alles vermischen und zum Teig kneten. Mit Mehl bestreuen, zugedeckt warm 1 Std. gehen lassen.

2 Den Teig kneten, zu einer Rolle formen, die an einem Ende dünner, am anderen dicker ist. Auf dem Backblech vom dickeren Ende her zu einer Schnecke rollen. Turban mit feuchtem Tuch bedecken und 45 Min. gehen lassen, bis er fast doppelt so dick ist.

3 Backofen auf 200° vorheizen. Den Turban mit Eierwasser bestreichen und mit Sesam bestreuen. Im Ofen (Mitte, Umluft 180°) in ca. 50 Min. goldbraun backen.

würzig | herzhaft

Klosterbrot

Klasse für Partys: würziger Brotring mit Kräutern

50 g Butter
1 Würfel Hefe (42 g)
300 g Roggenmehl Type 997
300 g Weizenmehl Type 550
2 TL Salz
2 EL getrocknete Kräuter der Provence
1 TL gemahlener Fenchel
Mehl zum Arbeiten

Für 1 Brotring (750 g) | 30 Min. Zubereitung
2 Std. 45 Min. Gehen | 30 Min. Backen
Pro 100 g ca. 325 kcal, 8 g EW, 7 g F, 58 g KH

1 Butter in gut 250 ml Wasser schmelzen und abkühlen lassen. Hefe darin auflösen. Roggenmehl mit 150 g Weizenmehl und Hefewasser gut vermischen. Zugedeckt warm 2 Std. gehen lassen.

2 Restliche 150 g Mehl, Salz, Kräuter und Fenchel untermischen, zum glatten Teig kneten. Teig auf wenig Mehl zu einer 5 cm dicken, langen Rolle formen, auf dem Backblech mit Backpapier zum Ring zusammenlegen. Enden mit Wasser bestreichen und gut andrücken. Mit leicht feuchtem Tuch abdecken und ca. 45 Min. gehen lassen, bis der Ring doppelt so dick ist.

3 Backofen auf 220° (Umluft 200°) vorheizen. Teig mit Wasser bestreichen und mit Mehl bestäuben. Oberfläche abwechselnd nach links und nach rechts schräg 1 cm tief einschneiden (die Einschnitte sollen nachher wie Blätter aussehen). Ringbrot im Ofen (Mitte) ca. 30 Min. backen, ab und zu besprühen.

links: Turbanbrot | rechts: Klosterbrot

ungewöhnlich | für Partys

Schwarz-Weiß-Brot

Das Brot, das wie Marmorkuchen aussieht, wurde einst im Bayerischen Wald aus Teigresten gebacken, die für sich allein nicht mehr für ein ganzes Brot gereicht hätten.

Für den Roggenteig:
350 g Roggenmehl Type 1370, ersatzweise Type 1150
70 g Roggen-Sauerteig (selbst angesetzt, Seite 7)
1 TL Salz
1 TL gemahlenes Brotgewürz

Für den Weizenteig:
350 g Weizenmehl Type 550
200 ml Buttermilch
½ Würfel Hefe (20 g)
1 TL Honig
1 TL Salz
Mehl zum Arbeiten und Fett für die Form
Kastenform (28 cm)

Für 1 großes Brot (1 kg) | 45 Min. Zubereitung
14 Std. 30 Min. Gehen | 1 Std. 20 Min. Backen
Pro 100 g ca. 260 kcal, 9 g EW, 1 g F, 54 g KH

1 Am Vortag für den Roggenteig das Roggenmehl mit dem Sauerteig, Salz, Brotgewürz und ca. 300 ml gut warmem Wasser verrühren, zu einem glatten Teig vermischen. Zugedeckt gut warm ca. 8 Std. ruhen lassen.

2 Mindestens 4 Std. vor dem Backen den Weizenteig ansetzen: das Mehl in eine Schüssel geben und eine Mulde eindrücken. Die Buttermilch erwärmen (gut handwarm werden lassen). Hefe einbröckeln, Honig dazugeben und alles unter Rühren auflösen. Die Buttermilchmischung in die Mehlmulde gießen, ein wenig Mehl vom Rand einrühren und den Ansatz 15 Min. gehen lassen, bis er Blasen bildet. Dann alles mit Salz vermischen und gründlich kneten, bis ein glatter, fester Teig entstanden ist. Den Teig mit etwas Mehl bestreuen und zugedeckt warm ca. 4 Std. gehen lassen, bis er gut doppelt so dick ist.

3 Den Weizenteig noch einmal durchkneten, zugedeckt 30 Min. ruhen lassen. Den Roggenteig kräftig durchkneten. Eine Kastenform (28 cm) fetten und dünn mit Mehl ausstreuen, überschüssiges Mehl aus der Form schütten. Den Weizenteig zu einer Rolle formen. Die Rolle in die Form legen und flach drücken, so dass sie den Boden bedeckt. In den Teig längs eine Furche drücken.

4 Den Roggenteig über den Weizenteig füllen, die Oberfläche mit Wasser glätten. Die Teige zugedeckt ca. 2 Std. gehen lassen, bis sie um gut ein Drittel aufgegangen sind. Den Backofen auf 220° (Umluft: 200°) vorheizen. Die Teigoberfläche längs mit einem nassen Messer 2 cm tief einschneiden.

5 Das Brot im heißen Ofen (Mitte) 20 Min. backen, beim Einschieben die Ofenwände mit Wasser besprühen. Nach 20 Min. die Ofentemperatur auf 200° (Umluft 180°) zurückschalten, wieder sprühen. Das Brot in ca. 1 Std. fertig backen. Wenn die Oberfläche zu dunkel zu werden droht, rechtzeitig mit Alufolie abdecken und die Ofenhitze ein wenig reduzieren. Das fertige Brot aus dem Ofen nehmen, 10 Min. in der Form ruhen lassen, dann stürzen und auf einem Kuchengitter ganz auskühlen lassen.

aus Spanien | herzhaft

Walnussbrot mit Sauerteig

Das dunkle, würzige Brot heißt in Spanien »Pan de Nueces« und kann süchtig machen. Noch warm mit gesalzener Butter – mehr braucht's nicht.

500 g Weizenmehl Type 812
200 g Roggenvollkornmehl
200 g Roggen-Sauerteig (selbst angesetzt, Seite 7)
2 TL Salz
2 EL Gerstenmalzextrakt (Biomarkt, ersatzweise Rübensirup)
evtl. 2 TL Trocken-Hefe
70 g Walnusskerne
Mehl zum Arbeiten

Für 2 Brote (à 550 g) | 30 Min. Zubereitung
11 Std. Gehen | 45–60 Min. Backen
Pro 100 g ca. 290 kcal, 10 g EW, 5 g F, 51 g KH

1 Am Vorabend beide Mehlsorten mit dem Sauerteig, ca. 350 ml lauwarmem Wasser, Salz und dem Gerstenmalzextrakt zu einem festen Teig vermischen. Zugedeckt warm (25°) mindestens 8 Std. ruhen lassen.

2 Wenn der Teig noch nicht kräftig aufgegangen ist, die Trocken-Hefe darüber streuen und gut untermischen. Bei einem richtig aktiven Sauerteig ist sie aber nicht nötig. Die Walnusskerne grob hacken und unterkneten (eventuell die Küchenmaschine nehmen, der Teig ist recht klebrig). Den gut gemischten Teig mit Mehl bestreuen und in zwei Stücke teilen, zu Kugeln formen. Beide Kugeln nacheinander auf der bemehlten Arbeitsfläche mit den Händen zu zwei länglichen Platten (ca. 18 x 25 cm) drücken.

3 Die Oberfläche der Platten mit Wasser bestreichen und der Länge nach zusammenschlagen (wie bei einem Christstollen). Die Brote auf ein Backblech mit Backpapier heben und mit einem leicht feuchten Tuch abdecken. Warm 2–3 Std. gehen lassen, bis der Teig gut um die Hälfte größer geworden ist.

4 Den Backofen auf 225° (Umluft 200°) vorheizen. Eine hitzefeste Schale mit Wasser auf den Ofenboden stellen, damit sich Dampf entwickelt. Das Tuch abnehmen, die Brote in den heißen Ofen (Mitte) schieben und 15 Min. backen. Dann die Hitze auf 200° (Umluft 180°) zurückschalten und die Brotoberflächen mit Wasser bestreichen. Brote noch 30–45 Min. backen, dabei mehrmals Wasser in den Ofen sprühen. (Garprobe: auf den Brotboden klopfen, wenn es hohl klingt, sind die Brote fertig). Die Brote aus dem Ofen nehmen und auf einem Kuchengitter abkühlen lassen. Schmecken frisch am besten, halten sich aber etwa 1 Woche.

GUT ZU WISSEN

Gerstenmalzextrakt gibt nicht nur tollen Geschmack, sondern auch eine schöne Farbe. Wenn Sie partout keinen bekommen: 5 echte Malzbonbons in 375 ml Wasser so lange kochen, bis sie sich aufgelöst haben. Den Sirup abkühlen lassen und zum Teig geben.

Familienbrote

Für Abwechslung im Brotkorb lässt sich leicht sorgen. Vom lockeren Weizenbrot bis zum deftig-kernigen Roggenbrot – es gibt nichts, was im eigenen Backofen nicht gelingen würde. Dieses herzhafte Weizenbrot geht so einfach, schmeckt herrlich und passt wunderbar zu Vorspeisen mit Wurst und Schinken und zu Schmorgerichten mit viel Sauce.

Herzhaftes Weizenbrot

300 g Weizenmehl Type 550
80 g Roggenmehl Type 997
150 g Weizen-Sauerteig
(selbst angesetzt, Seite 7)
3 EL Joghurt
gut 1 TL Salz
Mehl zum Arbeiten

Für 1 Brot (600 g) | 30 Min. Zubereitung
8 Std. Gehen | 50 Min. Backen
Pro 100 g ca. 265 kcal, 9 g EW, 1 g F, 55 g KH

1 Für den Ansatz 150 g Weizenmehl mit Roggenmehl, Sauerteig, Joghurt, Salz und gut 100 ml warmem Wasser vermischen und zugedeckt gut warm etwa 6 Std. gehen lassen.

2 Restliche 150 g Weizenmehl zugeben, Teig kräftig kneten und zu einer Kugel formen. Mit Mehl bestreuen und zugedeckt ca. 2 Std. gehen lassen, bis der Teig doppelt so dick ist.

3 Den Backofen auf 250° (Umluft 225°) vorheizen. Teig auf ein Backblech mit Backpapier legen, die Oberfläche schachbrettartig einschneiden. Das Brot in den heißen Ofen (Mitte) schieben, kräftig besprühen, 10 Min. backen. Die Hitze auf 200° (Umluft 180°) zurückschalten, das Brot noch 35–40 Min. backen, bis die Oberfläche schön gebräunt ist. Zwischendurch ab und zu besprühen. Auf einem Kuchengitter abkühlen lassen.

herzhaft | schmeckt lange lecker

Dunkles Mischbrot mit Weizenkeimen

Schön würziges Brot, nicht so schwer wie ein reines Roggenbrot. Braucht aber Zeit zum Gehen.

150 g Roggenvollkornmehl
150 g Roggen-Sauerteig (selbst angesetzt, Seite 7)
1½ TL Salz
350 g Weizenmehl Type 812
35 g Weizenkeime
1½ EL Gerstenmalzextrakt
1½ TL Brotgewürz (gemahlen)
Mehl zum Arbeiten und Fett für die Form
Brotbackform (2 l)

Für 1 Brot (850 g) | 15 Min. Zubereitung
7–10 Std. Gehen | 1 Std. Backen
Pro 100 g ca. 245 kcal, 79 g EW, 12 g F, 49 g KH

1 Das Roggenmehl in eine Schüssel füllen, den Sauerteig, knapp 300 ml warmes Wasser und das Salz zugeben, alles zu einem weichen Teig verrühren und zugedeckt sehr warm (ca. 28°) 4–5 Std. ruhen lassen.

2 Das Weizenmehl und die Weizenkeime, den Malzextrakt und das Brotgewürz zugeben, alles vermischen und mindestens 10 Min. gut kneten, bei Bedarf noch etwas Mehl untermischen. Den Teig mit etwas Mehl bestreuen und zugedeckt 2–3 Std. gehen lassen.

3 Eine Brotbackform (ca. 2 l) ausfetten, dünn mit Mehl ausstreuen, das überschüssige Mehl aus der Form schütten. Den Teig einfüllen und mit angefeuchteten Händen glatt streichen. Mit einem leicht feuchten Tuch abgedeckt 1–2 Std. gehen lassen, bis der Teig doppelt so dick geworden ist.

4 Den Backofen auf 225° (Umluft 200°) vorheizen, eine hitzefeste Schale mit Wasser auf den Backofenboden stellen. Das Brot längs einschneiden und in den heißen Ofen (Mitte) stellen, kräftig besprühen und 15 Min. backen. Die Hitze auf 200° (Umluft 180°) zurückschalten, Brot wieder besprühen und noch ca. 45 Min. backen, bis die Oberfläche gut gebräunt ist. Zwischendurch ab und zu mit Wasser besprühen.

5 Das Brot kurz in der Form ruhen lassen, dann auf ein Kuchengitter stürzen und ganz abkühlen lassen. Am besten erst am nächsten Tag anschneiden.

AUSTAUSCH-TIPPS

Statt der Weizenkeime 75 g geschälte Sonnenblumenkerne im Blitzhacker grob zerkleinern und unter den Teig mischen. Oder für ein Kürbiskernbrot grüne schalenlose Kürbiskerne grob hacken und ohne Gerstenmalzextrakt untermischen.

TIPP FÜR MINI-BROTE

Wenn Sie den Teig in mehrere kleine Kastenformen füllen, haben Sie ein tolles Partybrot, das sich gut für Kanapees eignet. Die kleinen Brote müssen nur 45 Min. gebacken werden.

aus Italien | mild

Kasten-Weißbrot

Ein saftig-weiches Brot für italienische Tramezzini.

300 g Weizenmehl Type 550
⅓ Würfel Hefe (15 g)
1 TL Zucker
100 ml lauwarme Milch | 1 TL Salz
Butter und Mehl für die Form
Kastenform (25 cm)

Für 1 Brot (450 g) | 30 Min. Zubereitung
2 Std. Gehen | 50 Min. Backen
Pro 100 g ca. 240 kcal, 9 g EW, 2 g F, 236 g KH

1 Das Mehl in eine Schüssel geben, eine Mulde eindrücken. Die Hefe in die Mulde bröckeln, mit Zucker bestreuen, Milch und 100 ml Wasser dazugießen, alles mit etwas Mehl verrühren und 30 Min. warm gehen lassen. Salz auf das Mehl streuen, alles zu einem Teig vermischen und mindestens 10 Min. kneten. Den Teig zugedeckt 1 Std. gehen lassen.

2 Eine Kastenform (25 cm lang) mit Butter fetten und mit Mehl ausstreuen. Den Teig zu einer Rolle formen und in die Form legen. Zugedeckt nochmals 30 Min. gehen lassen, bis der Teig knapp doppelt so dick geworden ist.

3 Backofen auf 200° vorheizen. Das Brot im Ofen (Mitte, Umluft 180°) 50 Min. backen, bis es hell gebräunt ist. Zwischendurch mit Wasser bestreichen.

4 Das Brot aus der Form stürzen, auf einem Kuchengitter ganz abkühlen lassen. In einer Plastiktüte bis zum nächsten Tag ruhen lassen, dann lässt es sich besser schneiden.

aus Portugal | würzig

Maisbrot

In Portugal wird es »Broa« genannt und zu deftigen Eintöpfen gegessen.

350 g Weizenmehl Type 550
150 g Maismehl
1 Würfel Hefe (42 g)
125 ml lauwarme Milch
1 ½ TL Salz
1 EL Olivenöl
Mehl zum Arbeiten

Für 1 Brot (750 g) | 30 Min. Zubereitung
2 Std. 15 Min. Gehen | 45 Min. Backen
Pro 100 g ca. 260 kcal, 8 g EW, 3 g F, 368 g KH

1 Beide Mehle in eine Schüssel füllen, eine Mulde eindrücken und die Hefe hineinbröckeln. Die Milch und 200 ml lauwarmes Wasser zugießen, mit Hefe und ein wenig Mehl verrühren. 15 Min. ruhen lassen.

2 Alles mit Salz und Olivenöl zu einem Teig vermischen und kräftig kneten, bis sich der Teig vom Schüsselrand löst. Zugedeckt warm 1 Std. gehen lassen, bis der Teig doppelt so dick geworden ist.

3 Nochmals durchkneten und zur Kugel formen. Auf ein Backblech mit Backpapier legen und mit etwas Mehl bestreuen. Mit leicht angefeuchtetem Tuch bedecken und noch 1 Std. gehen lassen.

4 Den Backofen auf 225° (Umluft 200°) vorheizen. Eine hitzefeste Schale mit Wasser auf den Backofenboden stellen. Das Brot kreuzförmig einschneiden, in den Ofen (Mitte) geben und kräftig besprühen. Das Brot in ca. 45 Min. goldbraun backen. Auf einem Kuchengitter abkühlen lassen.

oben: Kasten-Weißbrot | unten: Maisbrot

saftig | frisch am besten

Altgomerische Kartoffelbrote

Wenn auf La Gomera das Mehl knapp wurde, streckten die kanarischen Bäcker den Teig mit Kartoffelpüree.

150 g vorwiegend fest kochende Kartoffeln
Salz
gut 200 ml Milch
1 TL Anissamen
½ Würfel Hefe (20 g)
1 TL heller Honig
300 g Weizenmehl Type 550
Mehl zum Arbeiten
Fett für das Blech

Für 2 Brote (à 300 g) | 1 Std. Zubereitung
2 Std. Gehen | 35 Min. Backen
Pro 100 g ca. 225 kcal, 8 g EW, 2 g F, 44 g KH

1 Die Kartoffeln waschen, ungeschält in Salzwasser zugedeckt je nach Größe in 25–35 Min. gar kochen. Abgießen und ausdampfen, dann abkühlen lassen. Die Milch mit Anissamen bis zum Siedepunkt erhitzen, auf Handwärme abkühlen lassen. Die Hefe in die Milch bröckeln, den Honig dazugeben und alles auflösen. Die Mischung 15 Min. ruhen lassen, bis sie kräftig Blasen bildet.

2 Das Mehl mit 1½ TL Salz in eine Schüssel füllen und eine Mulde eindrücken. Die Hefemilch hineingießen und nach und nach mit dem Mehl vermischen. Zugedeckt warm 30 Min. gehen lassen, bis der Teig gut um die Hälfte aufgegangen ist.

3 Die Kartoffeln pellen, durch eine Kartoffelpresse zum Teig drücken und alles vermischen. Den recht klebrigen Teig auf eine mit Mehl bestreute Fläche geben. Mit bemehlten Händen leicht durchkneten, bis alles gut vermischt ist. Den Teig dünn mit Mehl bestreuen, mit einem leicht feuchten Tuch bedecken und warm ca. 45 Min. gehen lassen, bis er doppelt so dick ist.

4 Den Teig halbieren, die Hälften zu zwei länglichen, an den Enden spitz zulaufenden Broten formen. Ein Backblech fetten und mit Mehl bestreuen. Die Brote darauf legen und längs mit einem scharfen Messer ca. 2 cm tief einschneiden. Mit einem leicht feuchten Tuch bedecken und nochmals 30 Min. gehen lassen.

5 Den Backofen auf 220° (Umluft 200°) vorheizen. Die Brote in den heißen Ofen (Mitte) schieben, kräftig besprühen und ca. 35 Min. backen, bis die Kruste hellbraun geworden ist. Zwischendurch nochmals sprühen. Kurz vor Ende der Backzeit die Brote mit heißem Wasser bestreichen, damit die Kruste leicht glänzt. Auf einem Kuchengitter etwas abkühlen lassen – die Brote schmecken frisch und warm am besten.

GUT ZU WISSEN

Wenn Sie keine Kartoffelpresse haben, zerdrücken Sie die Kartoffeln mit einer Gabel; aber nicht zu viel bearbeiten, sonst wird das Püree kleistrig.

VARIANTE – POTATO BREAD

Für die amerikanische Version auch 150 g Kartoffeln und 300 g Mehl nehmen, aber als Flüssigkeit 100 ml Milch und 100 ml Wasser. Anis weglassen, dafür 1 EL Butter in der Milch zergehen lassen. Und: runde Brote formen.

aus Griechenland | würzig

Braunes Landbrot

Auf Rhodos und den südlichen Dodekanes-Inseln wird dieses Brot gebacken.

300 g Weizenmehl Type 550
300 g Hartweizengrieß
2 TL Salz
1 Würfel Hefe (42 g)
2 EL Olivenöl
2 TL geschälte Sesamsamen
Mehl zum Arbeiten

Für 2 Brote (à 400 g) | 30 Min. Zubereitung
3 Std. 30 Min. Gehen | 25 Min. Backen
Pro 100 g ca. 295 kcal, 9 g EW, 4 g F, 54 g KH

1 Weizenmehl mit Grieß und Salz in einer Schüssel vermischen. Die Hefe in 350 ml warmes Wasser bröckeln und darin auflösen. Das Hefewasser nach und nach zur Mehlmischung rühren, zuletzt das Olivenöl zugeben. Den Teig gut 10 Min. kneten. Zur Kugel formen, mit etwas Mehl bestreuen und in der Schüssel zugedeckt 2–3 Std. warm gehen lassen.

2 Den Teig halbieren und jede Hälfte zu einem länglichen Brot formen (ähnlich einem Baguette, aber kürzer und dicker). Die Brote rundum in Sesam wälzen, quer im Abstand von 5 cm tief einschneiden. Mit einem leicht feuchten Tuch bedecken und noch 30 Min. gehen lassen.

3 Den Backofen auf 250° (Umluft 230°) vorheizen, eine hitzefeste Schale mit Wasser auf den Ofenboden stellen. Die Brote im heißen Ofen (Mitte) in ca. 25 Min. schön braun backen. Auf einem Kuchengitter abkühlen lassen.

gelingt leicht | gehaltvoll

Vierkornbrot

Ein kerniges ballaststoffreiches Brot für alle, die gern etwas zu beißen haben.

375 g Weizenmehl Type 550
75 g Hartweizengrieß
35 g Buchweizengrütze
35 g Grünkernschrot
35 g Sesamsamen
1 Würfel Hefe (42 g)
1½ TL Salz
1 EL Walnussöl
Mehl zum Arbeiten
Backkörbchen

Für 1 Brot (750 g) | 30 Min. Zubereitung
7 Std. Gehen | 45 Min. Backen
Pro 100 g ca. 285 kcal, 9 g EW, 5 g F, 51 g KH

1 Das Mehl mit Grieß, Buchweizen, Grünkern und Sesam in eine Schüssel füllen. Hefe in knapp 300 ml warmem Wasser auflösen. Zur Mehlmischung rühren, Salz und Öl zugeben, vermischen, 10 Min. kneten. Zugedeckt 6 Std. warm gehen lassen.

2 Bei Bedarf noch etwas Mehl unterkneten, bis ein gut formbarer Teig entsteht. Zur Kugel formen und dick mit Mehl bestreuen. In ein Backkörbchen legen, mit einem leicht feuchten Tuch abdecken und 1 Std. gehen lassen, bis der Teig fast doppelt so dick ist.

3 Backofen auf 225° (Umluft 200°) vorheizen. Eine hitzefeste Schale mit Wasser in den Ofen stellen. Den Teig auf ein Backblech mit Backpapier stürzen, im Ofen (Mitte) ca. 45 Min. backen, bis das Brot gebräunt ist und beim Klopfen auf die Unterseite hohl klingt. Auf einem Kuchengitter abkühlen lassen.

oben: Vierkornbrot | unten: Braunes Landbrot

1

2

3

4

5

deftig

Würmtaler Roggenbrot

Das ultimative Superleckerbrot, das unbedingt mit klassischem Sauerteig gemacht werden will! Es ist besonders bekömmlich.

250 g Roggenvollkornmehl
50 g Roggenschrot
250 g Roggen-Sauerteig
(selbst angesetzt, Seite 7)
1–2 EL Brotgewürz mit Anis (ganz)
1½ TL Salz
175 g Roggenmehl Type 997 oder Type 1150
50 g Sonnenblumenkerne
1 EL Gerstenmalzextrakt (Biomarkt, Reformhaus)
Mehl zum Arbeiten und Fett für die Form
Brotbackform (1½ l)

Für 1 Brot (850 g) | 30 Min. Zubereitung
25 Std. Gehen | 1 Std. 15 Min. Backen
Pro 100 g ca. 265 kcal, 9 g EW, 4 g F, 48 g KH

1 Am Vortag das Roggenvollkornmehl mit Roggenschrot, Sauerteig, knapp ½ l lauwarmem Wasser, Brotgewürz und Salz in einer Schüssel zu einem weichen Teig verrühren. Zugedeckt 18–22 Std. gut warm (mindestens 20°) gehen lassen.

2 Am nächsten Tag 250 g Teigansatz abnehmen und fürs nächste Sauerteigbrot im Kühlschrank aufheben. Den übrigen Teigansatz mit Roggenmehl Type 997, Sonnenblumenkernen und Gerstenmalz gut vermischen (Bild 1). Eine Brotbackform (1½ l) fetten und mit Mehl ausstreuen, überschüssiges Mehl wieder ausschütten. Den Teig einfüllen und die Oberfläche mit nassen Händen oder einem Löffel glatt streichen (Bild 2). In die Mitte eine Furche drücken.

3 Den Teig zugedeckt warm 2–3 Std. gehen lassen, bis er gut um die Hälfte aufgegangen ist – die Form ist dann bis fast zum Rand gefüllt (Bild 3). Den Backofen auf 190° vorheizen. Eine hitzefeste Schale mit Wasser auf den Ofenboden stellen.

4 Den Teig entlang der Furche mit einem nassen Messer ca. 2 cm tief einschneiden. Die Form in den Ofen (Mitte, Umluft 175°) stellen und das Brot 1 Std. 15 Min. backen, bis die Oberfläche gut gebräunt ist. Zwischendurch mehrmals mit Wasser besprühen (Bild 4).

5 Das Brot 10 Min. in der Form ruhen lassen, dann auf ein Kuchengitter stürzen und ganz auskühlen lassen (Bild 5). Bis zum nächsten Tag ruhen lassen, dann schmeckt es am besten.

GUT ZU WISSEN

Für den Roggenschrot ganze Roggenkörner im Biomarkt oder Reformhaus grob mahlen lassen oder selbst in einer sauberen Kaffeemühle oder im Blitzhacker zerkleinern.
Statt Roggenmehl Type 997 können Sie auch Vollkornmehl nehmen, dann wird das Brot etwas bröckeliger, aber noch vollwertiger.

VARIANTE – ÖLSAAT-BROT

Mit den Sonnenblumenkernen und dem Gerstenmalz noch 2 EL geschroteten Leinsamen und 2 EL Sesamsamen zugeben. Den Geschmack ändert das kaum, aber das Brot bringt die Verdauung noch mehr auf Trab!

Wellness-Brote

Selbst gebackene Brote sind nicht nur superlecker, sie können auch gesundheitsfördernde Wirkungen haben. Die Wellness-Brote stärken Körper, Geist und Seele. Dieses herrliche Haselnussbrot ist ideal für Kopfarbeiter, und ich mag es so gerne, weil es knackig ist und beim Denken hilft.

Haselnussbrot

300 g Roggenmehl Type 997
300 g Weizenmehl Type 550
70 g Roggen-Sauerteig
(selbst angesetzt, Seite 7)
½ Würfel Hefe (20 g)
125 g Haselnusskerne
2 EL Gerstenmalzextrakt
(Biomarkt, Reformhaus)
1½ TL Salz
Mehl zum Arbeiten

Für 1 Brot (750 g) | 30 Min. Zubereitung
6 Std. 45 Min. Gehen | 1 Std. Backen
Pro 100 g ca. 405 kcal, 11 g EW, 11 g F, 65 g KH

1 Beide Mehle in eine Schüssel füllen, Mulde eindrücken. Sauerteig und 300 ml warmes Wasser in die Mulde geben. Hefe einbröckeln und mit etwas Mehl verrühren. Zugedeckt 6 Std. warm ruhen lassen.

2 Haselnüsse in einer Pfanne ohne Fett leicht anrösten, abkühlen lassen. Mit Gerstenmalz und Salz unter den Teig mischen, gut kneten. Mit Mehl bestreuen und zu einer Rolle formen. Auf ein Backblech mit Backpapier legen, mit feuchtem Tuch abdecken und ca. 45 Min. gehen lassen, bis die Teigrolle fast doppelt so dick geworden ist.

3 Backofen auf 220° (Umluft 200°) vorheizen, Schale mit Wasser auf den Ofenboden stellen. Das Brot im heißen Ofen (Mitte) 15 Min. backen. Die Hitze auf 180° (Umluft 160°) reduzieren, das Brot kräftig mit Wasser besprühen und 45 Min. backen. Zwischendurch ab und zu mit Wasser besprühen.

würzig | bleibt lange frisch

Dinkelbrot nach Hildegard von Bingen

Schmeckt super: ein großporiges, lockeres, helles Brot – fast wie Weißbrot

350 g Dinkelmehl Type 630
100 ml Brottrunk (Supermarkt, Drogeriemarkt)
½ Würfel Hefe (20 g)
1 TL heller Honig
gut 1 TL Salz
1 EL Sonnenblumenöl
1 EL gemahlene Bertramwurzel (Bioladen, Hildegard-von-Bingen-Gewürz)
1 TL gemahlener Galgant (Asienregal im Supermarkt, Bioladen oder Reformhaus)
1 TL Fenchelsamen
1 TL getrockneter Quendel (Feldthymian, ersatzweise normaler Thymian)
Mehl zum Arbeiten und Fett für die Form
Brotbackform (1½ l)

Für 1 Brot (550 g) | 30 Min. Zubereitung
4 Std. 45 Min. Gehen | 40 Min. Backen
Pro 100 g ca. 260 kcal, 10 g EW, 4 g F, 46 g KH

1 100 g Dinkelmehl in eine Schüssel geben, mit dem Brottrunk verrühren und sehr warm (mindestens 25° – auf der Heizung oder über dem Kühlgitter des Kühlschranks) 4 Std. gehen lassen.

2 Die Hefe mit 125 ml warmem Wasser und dem Honig verrühren. Mit den übrigen 250 g Dinkelmehl, Salz, Sonnenblumenöl, Bertramwurzel, Galgant, Fenchel und Quendel zum Brottrunk-Ansatz geben, alles zu einem weichen Teig vermischen und gut rühren, bis der Teig ganz glatt ist.

3 Eine Brotbackform (1½ l) gut fetten und mit Mehl ausstreuen, überschüssiges Mehl wieder ausschütten. Den Teig einfüllen und zugedeckt ca. 45 Min. warm gehen lassen, bis der Teig die Form fast ausfüllt.

4 Den Backofen auf 230° (Umluft 210°) vorheizen, eine hitzefeste Schale mit Wasser auf den Ofenboden stellen. Den Brotteig mit einem nassen Messer längs ca. 2 cm tief einschneiden, die Form in den Ofen (Mitte) stellen und das Brot ca. 40 Min. backen, bis die Kruste schön gebräunt ist. Zwischendurch mit Wasser besprühen.

5 Die Form aus dem Ofen nehmen und das Brot 10 Min. ruhen lassen. Dann auf ein Kuchengitter stürzen und vollständig abkühlen lassen.

GUT ZU WISSEN

Dinkel war das Lieblingsgetreide der Hildegard von Bingen; ihr zufolge gibt es Lebensenergie und Frohsinn. Die Gewürze Fenchel, Galgant und Bertram (finden Sie in allen gut sortierten Biomärkten und Reformhäusern) sind gut für Magen und Darm. Und Quendel, der bei uns auf trockenen Wiesen wild wachsende Feldthymian (Stadtbewohner können auch in Apotheken nach Herba Thymi serpylli fragen), fördert die Gehirnleistung. Also ein echtes Universalbrot für die Gesundheit.

würzig | braucht etwas Zeit

Blüten-Krustenbrot

Ein buntes Brot, das gute Laune macht. Denken Sie daran, 2 Tage vorher die Roggenkörner einzuweichen.

75 g Roggenkörner
100 g Roggenvollkornmehl
100 g Roggen-Sauerteig (selbst angesetzt, Seite 7)
1 TL Salz
250 g Weizenmehl Type 1050
1 EL Honig
2 EL Rote Malvenblüten (Teeladen, Apotheke, Bioladen), zerkrümelt
1 EL Blütenpollen (Supermarkt, Reformhaus, Bioladen)
1 EL Gewürz Blütenmischung (Bioladen)
1 TL getrocknete Lavendelblüten
½ TL gemahlene Chilis
Mehl zum Arbeiten | Backkörbchen

Für 1 Brot (700 g) | 45 Min. Zubereitung
2 Tage Ruhen | 2–3 Std. Gehen | 40 Min. Backen
Pro 100 g ca. 235 kcal, 8 g EW, 1 g F, 48 g KH

1 Zwei Tage vorher: Roggenkörner in ein Sieb geben, lauwarm abspülen, Sieb in eine Schüssel mit warmem Wasser hängen und die Roggenkörner quellen und ankeimen lassen. Ab und zu abspülen und das Wasser wechseln.

2 Einen Tag vorher: Roggenvollkornmehl in eine Schüssel geben, mit dem Sauerteig, Salz und gut 200 ml warmem Wasser verrühren. Zugedeckt sehr warm (ca. 25°) 5–8 Std. oder länger gehen lassen, bis der Teigansatz kräftig schäumt.

3 Die gequollenen Roggenkörner gut abtropfen lassen. Dann mit dem Weizenmehl Type 1050, Honig, 1 EL zerkrümelten Malvenblüten, Blütenpollen, der Blütenmischung, dem Lavendel und den Chilis unter den Roggen-Sauerteigansatz mischen, gut durchkneten und zu einer Kugel formen. Mit Mehl bestreuen.

4 Ein Backkörbchen mit Mehl, dann mit den übrigen Malvenblüten ausstreuen. Die Teigkugel hineinlegen, mit einem leicht angefeuchteten Tuch abdecken und warm 2–3 Std. gehen lassen, bis der Teig fast doppelt so dick geworden ist.

5 Den Backofen auf 240° (Umluft 225°) vorheizen, eine hitzefeste Schale mit Wasser auf den Ofenboden stellen. Den Brotteig auf ein Backblech mit Backpapier stürzen, im Ofen (Mitte) 10 Min. backen. Die Hitze auf 175° (Umluft 165°) zurückschalten, das Brot noch ca. 30 Min. backen, bis die Kruste schön gebräunt ist. Zwischendurch öfter besprühen. Das fertige Brot auf einem Kuchengitter abkühlen lassen.

GUT ZU WISSEN

Ganze angekeimte Getreidekörner enthalten viele Vitamine der B-Gruppe. Für die Blütenmischung können Sie selbst Blüten sammeln und trocknen. Geeignet sind ungespritzte Rosenblüten, Ringelblumen, Sonnenblumenblütenblätter, Tagetes, Borretsch- und Salbeiblüten, Kapuzinerkresse und alle anderen farbenfrohen Blüten von Gartenkräutern.

gelingt leicht | gut haltbar

Manager-Brot mit Hirse

Ein helles würziges Brot für alle, die viel denken müssen. Also auch für gestresste Schülerinnen und Schüler.

300 g Weizenmehl Type 550
75 g Hirseflocken
50 g feine Haferflocken
50 g Weizenkeime
30 g Lecithin pur (Reformhaus oder Bioladen)
300 ml Buttermilch
½ Würfel Hefe (20 g)
1 TL Zucker
1 ½ TL Salz
Mehl zum Arbeiten
Haferflocken für das Backkörbchen
Backkörbchen

Für 1 Brot (700 g) | 30 Min. Zubereitung
4 Std. 30 Min. Gehen | 40 Min. Backen
Pro 100 g ca. 305 kcal, 11 g EW, 7 g F, 49 g KH

1 In einer Schüssel das Mehl mit Hirse- und Haferflocken mischen. Weizenkeime und Lecithin zugeben. Die Buttermilch ein wenig erwärmen, die Hefe einbröckeln, Zucker zugeben und verrühren. 30 Min. ruhen lassen, bis der Hefeansatz schäumt.

2 Hefeansatz zur Mehlmischung gießen, Salz dazugeben und alles vermischen, ca. 10 Min. kneten. Den Teig zur Kugel formen, mit Mehl bestreuen und zugedeckt 2–3 Std. warm gehen lassen.

3 Den Teig nochmals durchkneten. Ein Backkörbchen erst mit Mehl, dann mit Haferflocken ausstreuen. Den Teig hineingeben, mit einem leicht angefeuchteten Tuch abdecken und warm ca. 1 Std. gehen lassen, bis der Teig fast doppelt so dick ist.

4 Den Backofen auf 225° (Umluft 200°) vorheizen, eine hitzefeste Schale mit Wasser auf den Ofenboden stellen. Den Teig auf ein mit Mehl bestreutes Backblech stürzen, im Ofen (unten) 20 Min. backen. Dann die Hitze auf 190° (Umluft 175°) zurückschalten und das Brot noch 25–30 Min. backen, bis die Oberfläche leicht gebräunt ist. Auf einem Kuchengitter abkühlen lassen. Möglichst erst am nächsten Tag anschneiden, dann schmeckt es noch besser.

GUT ZU WISSEN

Hirse stärkt und beruhigt die Nerven und – wichtig für Computerarbeiter – verbessert die Sehkraft. Das Lecithin, das auch in Buttermilch enthalten ist, ist gut für die Hirnfunktion und hilft gegen Stress. Beim Backen hat es noch eine günstige Wirkung: Die Brote werden lockerer und bleiben damit länger frisch. Im Reformhaus erhalten Sie Lecithin pur in granulierter Form; dieses am besten vorab im Mörser zu Pulver zerstoßen.

1

2

3

braucht etwas Zeit, die sich aber lohnt!

Heubrot zum Entspannen

Ein helles, luftiges Brot mit Wiesenkräutern, das schon mit seinem Duft für innere Ruhe sorgt.

500 g Weizenmehl Type 550
½ Würfel Hefe (20 g)
100 g Alpenwiesenheu (Heimtierabteilung der Supermärkte)
1 EL gemahlener Koriander
1 EL Gerstenmalzextrakt (Biomarkt, Reformhaus)
1½ TL Salz
1 EL Butter
Mehl zum Arbeiten

Für 2 Brote (à 375 g) | 30 Min. Zubereitung
8 Std. 30 Min. Ruhen | 30 Min. Backen
Pro 100 g ca. 275 kcal, 9 g EW, 2 g F, 55 g KH

1 Das Mehl in eine Schüssel geben und eine Mulde eindrücken. Die Hefe mit 300 ml kaltem Wasser anrühren, in die Mulde gießen und mit ein wenig Mehl zu einem flüssigen Teig verrühren. Das Heu etwas zwischen den Händen reiben, die abfallenden Kräuterblätter (ca. 2 EL) zum Teigansatz geben, dabei grobe Halme entfernen (Bild 1). Mit Koriander, Gerstenmalz und Salz zu einem glatten Teig vermischen und gut kneten. Zur Kugel formen und mit etwas Mehl bestreuen. Zugedeckt möglichst kühl stellen (eventuell im Gemüsefach des Kühlschranks) und 6–8 Std. (je nach Temperatur) ruhen lassen, bis der Teig doppelt so dick geworden ist.

2 Ein Backblech mit dem übrigen Heu bedecken. Die Arbeitsfläche dick mit Mehl bestreuen, den Teig darauf stürzen und ohne viel zu drücken zu einer rechteckigen Platte formen. Mit einem Messer längs halbieren und die Hälften vorsichtig im Mehl drehen, auf das Heubett legen und noch 30 Min. gehen lassen (Bild 2). Den Backofen auf 210° (Umluft 190°) vorheizen. Eine hitzefeste Schale mit Wasser auf den Ofenboden stellen.

3 Das Blech in den heißen Ofen (Mitte) schieben, kräftig sprühen und die Brote 20 Min. backen. Die Butter zerlassen und mit 2 EL Wasser verrühren. Die Brote damit bestreichen und noch 10 Min. backen, bis die Kruste schön gebräunt ist. Das Blech aus dem Ofen nehmen, die Brote umdrehen und auf dem Heu abkühlen lassen. Heuhalme vom Brot abbürsten und Brot anschneiden (Bild 3).

TIPP – TEIG VORBEREITEN

Die lange Gehzeit bei kühler Temperatur gibt einen tollen Geschmack – fast wie bei Sauerteigbroten. Und hat den Vorteil, dass Sie den Brotteig schon am Vortag ansetzen können. Wenn Sie den Teig im Gemüsefach ruhen lassen, am besten gut mehlen und in eine große Plastiktüte stecken. Fest verschließen, zwischendurch einmal die Luft herauskneten, wenn er zu dick wird.

GUT ZU WISSEN

Der typische Duft des Heus entwickelt sich erst beim Trocknen der verschiedenen Gräser, deren Samen und Blüten beim Reiben abfallen. Sie enthalten aromatische Öle, Flavonoide (Pflanzenfarbstoffe) und Gerbstoffe, die eine interessante Würze ergeben.

würzig | beruhigend

Hopfen-Abendbrot

Das helle, leicht gesäuerte Brot schmeckt im ersten Moment durch den Hopfen ungewöhnlich herb, aber gut.

½ Würfel Hefe (20 g)
1 TL Honig
75 g Gerstenmehl (Bioladen, Reformhaus)
75 g Kamut-Vollkornmehl (Reformhaus)
250 g Weizenmehl Type 550
100 ml Brottrunk (Supermarkt, Drogeriemarkt)
1 EL Hopfendolden (Apotheke)
1–2 TL getrocknete Lavendelblüten
1 TL Fenchelsamen
1 TL Anissamen
1 TL grobes Meersalz
Mehl zum Arbeiten
2 EL kernige Haferflocken
Fett für das Backblech
Mörser
Backkörbchen

Für 1 Brot (600 g) | 30 Min. Zubereitung
7 Std. Gehen | 40 Min. Backen
Pro 100 g ca. 255 kcal, 9 g EW, 1 g F, 52 g KH

1 Die Hefe in 150 ml gut warmes Wasser bröckeln, Honig zugeben und alles gut vermischen. 15 Min. ruhen lassen, bis die Mischung schäumt. Gerstenmehl, Kamutmehl und 100 g Weizenmehl in eine Schüssel füllen, eine Mulde eindrücken. Hefemischung in die Mehlmulde gießen, Brottrunk zugeben und alles zu einem flüssigen Teig vermischen. Zugedeckt sehr warm 6 Std. gehen lassen.

2 Die Hopfendolden mit Lavendelblüten, Fenchel Anis und Salz im Mörser grob zerreiben. Mit den restlichen 150 g Weizenmehl unter den Teigansatz mischen und gut kneten. Zur Kugel formen und mit Mehl bestreuen.

3 Ein Backkörbchen mit etwas Mehl ausstreuen, die Haferflocken gleichmäßig darin verteilen und die Teigkugel hineinlegen. Mit einem leicht angefeuchteten Tuch abdecken und ca. 1 Std. gehen lassen, bis die Kugel gut doppelt so dick ist.

4 Den Backofen auf 230° (Umluft 210°) vorheizen. Ein Backblech leicht fetten und mit Mehl bestreuen. Den Teig auf das Backblech stürzen und im Ofen (Mitte) ca. 40 Min. backen, zwischendurch kräftig mit Wasser besprühen.

5 Falls das Brot noch zu hell ist, den Backofen auf 250° (Umluft 230°) schalten, noch einmal kräftig mit Wasser besprühen und noch 10 Min. backen, bis die Kruste schön gebräunt ist. Auf einem Kuchengitter abkühlen lassen.

GUT ZU WISSEN

Ein mildes Brot mit beruhigender Wirkung – dafür sorgen Hopfen und Lavendel. Kamut ist eine alte, wieder entdeckte Form des Hartweizens, die sich hervorragend fürs Brotbacken eignet. Obwohl es als volles Korn vermahlen wird, ergibt es ein sehr helles, mildes Mehl mit nussigem Geschmack.

EINKAUFS-TIPP

Kaufen Sie Gerstenkörner im Bioladen oder Reformhaus und lassen Sie sie dort direkt zu Mehl mahlen.

Backferment

Ein Teiglockerungsmittel, das für jede Mehlsorte geeignet ist. Da es aus Hefen und Fermenten besteht, schließt es auch Vollkornmehle so auf, dass sie gut verdaulich werden. Allerdings muss Backferment durch einen Grundansatz aktiviert werden (siehe Seite 6); die Teige müssen sehr warm etwa drei- bis viermal so lange gehen wie Hefeteige.

Backformen

Im Prinzip eignen sich auch Kuchenformen, besser aber sind spezielle Brotbackformen mit abgerundeten Ecken, aus denen sich die Laibe leichter lösen. Dunkle Formen sind für Elektrobacköfen, helle für Gasöfen gedacht. Bei dickwandigen Formen (aus Ton oder Gusseisen) müssen die Backzeiten meist um 5 bis 10 Min. verlängert werden.

Backmittel

Sie wurden früher »Backhilfsmittel« genannt und sind Zusätze zu Backmischungen, die die Teigherstellung einfacher und sicherer machen, die langen Gehzeiten verkürzen und die Brote immer wieder gleich gelingen lassen.

Backzeit

Die Zeit, bis die Brotkrume vollständig gebacken ist und nicht mehr nach Mehl schmeckt. Die in den Rezepten angegebenen Zeiten sind Mittelwerte. Je nach Ofentyp und Tageszeit kann die Backzeit abweichen: Mittags und am frühen Abend wird viel Strom verbraucht, die Netzspannung sinkt und die Backzeit verlängert sich. Vormittags und am frühen Nachmittag kann die Backzeit kürzer sein.

Brotgewürz

Eine fertige Mischung aus Kümmel, Koriander und Fenchel, als ganze Körner, grob oder fein gemahlen. Wer mag, kann mit Anissamen oder einer Prise Schabzigerklee dem Gewürz eine persönliche Note geben.

Freigeschobene Brote

Brote, die nicht in Formen gebacken werden, sondern mit Abstand zueinander auf das Backblech gesetzt werden und beim Backen rundum bräunen. Gegensatz: angeschobene Brote, die so dicht nebeneinander auf das Blech gesetzt werden, dass sie beim Backen aneinander liegen. Dabei bräunen die Seitenflächen nicht.

Griffiges Mehl

Es ist als »doppeltgriffiges Mehl«, »Wiener Griessler« oder »Spätzlemehl« im Handel. Dafür wird Weizen etwas körniger vermahlen als für normales Mehl. Teige daraus quellen gut und werden besonders elastisch, brauchen aber etwa zehn Prozent mehr Flüssigkeit. Ideal als Streumehl.

Haltbarkeit

Selbst gebackene Weizenbrote mit Hefe bleiben 1–2 Tage, mit Backferment 2–3 Tage frisch. Sauerteig-Roggenbrot hält gut 1 Woche. Je dunkler die Mehlsorte und je kräftiger die Kruste, umso länger bleibt das Brot frisch.

Hefe

Das sind lebendige Pilze, die sich von Kohlenhydraten (Zucker, Mehl) ernähren und sich in Wärme sehr schnell vermehren. Dabei bilden sie ein Gas (Kohlensäure), das den Teig in die Höhe treibt, sowie etwas Alkohol und Aromastoffe, die Brot und Brötchen würzen.

Kleber

– oder Gluten werden verschiedene Eiweiße, die im Mehl enthalten sind, genannt. Kleberreiche Mehle eignen sich besser zum Brotbacken, bilden eine gute, porenreiche Krume und feine Kruste. Normales Mehl lässt sich durch den Zusatz von Weizenkleber (Hobbythek-Läden), Kamut-Vollkornmehl oder Hartweizengrieß verbessern.

Kneten

Kräftiges Drücken und Zusammenschlagen von Hefeteig, bis er glatt und geschmeidig ist, dabei sorgt der Kleber (siehe oben) für stabile Bläschen. Durch das Kneten gehen Brote oder Brötchen gut auf und behalten ihre Form.

Krume

Hierunter versteht man das weiche, lockere Innere von Broten oder Brötchen, das gleichmäßig von Poren durchzogen, schnittfest und würzig sein sollte.

Kruste

Das ist die äußere Rinde des Gebäcks, die durch das Verdampfen des Wassers aus dem Teig und die Bräunung (Karamellisieren von Mehl und Eiweißstoffen) durch die Ofenhitze entsteht. Bildet sich nur, wenn die Luft im Ofen feucht genug ist – also sprühen! Sie schützt das Brot vor dem Austrocknen und gibt den typischen Geschmack. Zusätzlich können Sie das Brot 15 Min. vor Backzeitende mit Flüssigkeit bestreichen: Salzwasser sorgt für eine matt glänzende knusprige Kruste; Milch für eine goldgelbe; Zuckerwasser macht die Kruste knusprigrösch, Olivenöl matt glänzend; Eigelb mit Wasser verquirlt ergibt eine glänzende goldbraune Kruste.

Sauerteig

Teiglockerungsmittel für Roggenteige, besteht aus Hefepilzen und Bakterien, die die Randschichten des Korns so aufschließen, dass das Brot bekömmlich wird und dass reiner Roggenteig überhaupt aufgeht. Beim klassischen Sauerteigbrot muss der Teig gut 20 Std. ruhen – beim Backen mit Kunstsauer (Mischung aus Salzen der Essigsäure und Backmitteln) kann der Teig bereits nach 3 Std. gebacken werden, aber dabei werden die schwer verdaulichen Bestandteile nicht aufgeschlossen.

Schrot

Das ist grob gemahlenes Getreide; es enthält alle wertvollen Bestandteile der Körner und ist reich an Ballaststoffen, Eiweiß und Vitaminen. Ein Teig mit Schrot braucht mehr Flüssigkeit und eine längere Gehzeit als mit normalem Mehl.

Sprühen

Dazu nehmen Sie eine Sprühflasche (saubere Blumenspritze), füllen sie mit kalkarmem Wasser (sonst gibt es Kalkflecken im Ofen) und sprühen beim Einschieben des Brotes die Wände und den Boden des Backofens an, damit sich Wasserdampf (Schwaden) im Ofen bildet. Feuchtigkeit ist wichtig, damit die Oberfläche des Teiges so lange elastisch bleibt, wie das Brot in der Hitze noch aufgeht, und damit sich eine Kruste bildet. Zwischendurch direkt das Brot besprühen oder mit Wasser bestreichen, damit die Kruste schön glänzt und nicht zu hart wird.

Teiggare

Darunter versteht man den Zustand des Teiges, bis er fertig zum Backen ist. Weizenteig soll dann doppelt so dick geworden sein, die Oberfläche darf beim Draufdrücken nicht gummiartig wieder zurückspringen, sondern die Vertiefung soll erkennbar bleiben. Auch Roggenteig muss gut aufgegangen und genügend gesäuert sein (schmeckt säuerlich).

Teigling

Das ist ein fertig gegangenes und geformtes Teigstück, das bereit zum Backen ist. Die meisten Brötchen und Baguettes werden heute den Brotläden als Teiglinge geliefert und dort bei Bedarf gebacken.

Teigschluss

Das ist der Abschluss (Naht, überlappende Teigstelle), der beim Teigkneten entsteht und beim Aufgehen des Teiges aufreißt. Teigschlüsse müssen beim letzten Gehen nach unten gelegt werden, damit das Gebäck eine gleichmäßige, glatte Oberfläche bekommt.

Vollkornbrot

Ein Brot, das ganze Körner enthält, muss noch lange kein Vollkornbrot sein. Als solches darf sich nur eines bezeichnen, das zu 90 Prozent aus Vollkornmehl besteht. Echte Vollkornbrote sind reich an Vitaminen und Mineralstoffen und enthalten viele Ballaststoffe.

Vollkornmehl

Es wird aus ungeschälten Körnern gemahlen und hat keine Typenangabe.

Wo bekomme ich ...

die unterschiedlichen Mehlsorten? Sollten sie im Supermarkt oder Reformhaus nicht vorrätig sein, dann helfen Ihnen folgende Internet-Adressen:
www.adler-muehle.de
www.hobbybaecker.de

Zum Gebrauch
Damit Sie Rezepte mit bestimmten Zutaten noch schneller finden können, stehen in diesem Register zusätzlich auch wichtige Zutaten wie **Hefe** oder **Sauerteig** – ebenfalls alphabetisch geordnet und **hervorgehoben** – über den entsprechenden Rezepten.

A

B

C/D

F

G

H

K

Unsere Garantie

Alle Informationen in diesem Ratgeber sind sorgfältig und gewissenhaft geprüft. Sollte dennoch einmal ein Fehler enthalten sein, schicken Sie uns das Buch mit dem entsprechenden Hinweis an unseren Leserservice zurück. Wir tauschen Ihnen den GU-Ratgeber gegen einen anderen zum gleichen oder ähnlichen Thema um.

Liebe Leserin und lieber Leser,

wir freuen uns, dass Sie sich für ein GU-Buch entschieden haben. Mit Ihrem Kauf setzen Sie auf die Qualität, Kompetenz und Aktualität unserer Ratgeber. Dafür sagen wir Danke! Wir wollen als führender Ratgeberverlag noch besser werden. Daher ist uns Ihre Meinung wichtig. Bitte senden Sie uns Ihre Anregungen, Ihre Kritik oder Ihr Lob zu unseren Büchern. Haben Sie Fragen oder benötigen Sie weiteren Rat zum Thema? Wir freuen uns auf Ihre Nachricht!

Wir sind für Sie da!
Montag–Donnerstag: 8.00–18.00 Uhr;
Freitag: 8.00–16.00 Uhr
Tel.: 0180-5005054*
Fax: 0180-5012054*
E-Mail:
leserservice@graefe-und-unzer.de

*(0,14 €/Min. aus dem dt. Festnetz/ Mobilfunkpreise können abweichen.)

P.S.: Wollen Sie noch mehr Aktuelles von GU wissen, dann abonnieren Sie doch unseren kostenlosen GU-Online-Newsletter und/oder unsere kostenlosen Kundenmagazine.

GRÄFE UND UNZER VERLAG
Leserservice
Postfach 86 03 13
81630 München

Programmleitung: Doris Birk
Leitende Redakteurin: Birgit Rademacker
Redaktion: Sigrid Burghard
Lektorat: Katharina Lisson
Layout, Typografie und Umschlaggestaltung: independent Medien-Design, München
Satz: Liebl Satz+Grafik, Emmering
Herstellung: Martina Ruhland
Reproduktion: Repro Ludwig, Zell am See
Druck und Bindung: Firmengruppe Appl, Wemding

ISBN 978-3-8338-0303-1
4. Auflage 2009

Der Autor

Reinhardt Hess liegt das Brotbacken im Blut: sein Urgroßvater war Bäckermeister mit eigener Bäckerei am Odenwaldrand. So backt er sein eigenes Brot seit über 20 Jahren selbst, nicht nur weil es besser schmeckt und weit bekömmlicher ist als anderes, sondern weil für ihn Backen sehr entspannend und sinnlich ist. Vor allem aber schreibt er Koch-, Back- und Weinbücher. Über 50 Titel sind von und mit ihm bereits erschienen, fünf davon wurden von der Gastronomischen Akademie Deutschlands mit Medaillen ausgezeichnet.

Der Fotograf

Jörn Rynio zählt zu seinen Auftraggebern internationale Zeitschriften, namhafte Buchverlage und Werbeagenturen. Mit klarem Stil, einer großen Portion Kreativität und appetitanregendem Styling setzt der Hamburger Fotograf Food-Spezialitäten aus aller Welt stimmungsvoll in Szene. Tatkräftig unterstützt wird er dabei von seinen Stylistinnen Petra Speckmann (Food) und Michaela Suchy (Requisite).

Bildnachweis

Titelfoto: Joerg Lehmann, Paris;
alle anderen: Jörn Rynio, Hamburg

Titelbildrezept

Walnussbrot von Seite 32

Die Temperaturangaben bei Gasherden variieren von Hersteller zu Hersteller. Welche Stufe Ihres Herdes der jeweils angegebenen Temperatur entspricht, entnehmen Sie bitte der Gebrauchsanweisung. Bei Elektroherden können die Backzeiten je nach Herd variieren.

GRÄFE UND UNZER

Ein Unternehmen der
GANSKE VERLAGSGRUPPE

Kochlust pur

Preis je Band: 7,50 €

Die neuen KüchenRatgeber – da steckt mehr drin

ISBN 978-3-8338-0313-0
64 Seiten

ISBN 978-3-8338-0316-1
64 Seiten

ISBN 978-3-8338-0312-3
64 Seiten

ISBN 978-3-8338-0302-4
64 Seiten

ISBN 978-3-8338-0311-6
64 Seiten

ISBN 978-3-8338-0306-2
64 Seiten

Änderungen und Irrtum vorbehalten

Das macht sie so besonders:

- **Neue mmmh-Rezepte** – unsere beste Auswahl für Sie
- **Praktische Klappen** – alle Infos auf einen Blick
- **Die 10 GU-Erfolgstipps** – so gelingt es garantiert

GU

Willkommen im Leben.

küchengötter.de
powered by GU

Einfach göttlich kochen und himmlisch speisen?
Die passenden Rezepte, Küchentipps und -tricks
in Wort und Film finden Sie ganz einfach unter:
www.küchengötter.de

Gut zu wissen

1

2

3

Mehlsorten (1)

Das Getreide bestimmt die Mehlsorte: Weizen, Dinkel, Roggen, Hafer, Gerste. **Weizen** und **Dinkel** geben helle Mehle und helle Brote, die mit Hefe gebacken werden können.
Roggenmehl ist dunkel und braucht Sauerteig, damit das Brot aufgeht und eine Krume entsteht.
Hafermehlteige und **Gerstenmehlteige** am besten mit Backferment ansetzen.
Dinkel ist eine alte Weizenform und wie Weizenmehl zu gebrauchen.
Kamut wird zu einem gelben, milden und kleberreichen Vollkornmehl vermahlen, das wie Weizenmehl verwendet werden kann.

Mehltypen (2)

Auf jeder Mehlpackung steht eine Typenzahl, zum Beispiel »Type 405« bei normalem Weizenmehl. Die Zahl gibt an, wie viel Mineralstoffe (und damit Schalenanteile) im Mehl enthalten sind. Je höher die Zahl, desto mehr Schalenanteile, desto vollwertiger das Mehl.

Weizenmehl 550 ist überall erhältlich und für Brotteige gut geeignet. Außerdem gibt es Type 813, 1050, 1200, 1320 und Weizenvollkornmehl ohne Typenangabe. **Roggenmehl** gibt es von Type 610 bis 1800 (Roggenbackschrot) und als Vollkornmehl ohne Type.

Allgemein: höhere Typennummern stehen für dunklere ballaststoffreichere Mehle. Sie brauchen mehr Flüssigkeit und eine längere Gehzeit, Brote werden kompakter und sättigender.
Wenn Sie bestimmte Typen nicht erhalten: eine höhere Typennummer nehmen und mit $1/3$ normalem Mehl mischen. Oder eine niedrigere Typennummer mit $1/3$ Vollkornmehl mischen.

Brot aufbewahren und aufbacken (3)

Vorm Verstauen immer vollständig auskühlen lassen. Auch abgekühlt braucht Brot Luft, sonst wird die Kruste zäh und der Anschnitt schimmelt schneller. Gut sind Steinguttöpfe mit Luftlöchern, in Holz- oder Metallbrotkästen werden Brote schnell trocken.

Gut ist ein spezielles Brotpapier mit feinen Löchern, das manche Bäckereien verwenden. Oder Sie nehmen eine Plastiktüte und stechen mit einer Nadel Löcher hinein.

Wenn helle Brote oder Brötchen nicht mehr knusprig sind, kurz in den heißen Ofen (200°, Umluft 180°) geben und mit Wasser aus der Blumenspritze besprühen. Nach ca. 10 Min. sind sie wieder rösch. Dann aber gleich essen, sonst werden sie endgültig altbacken.